ぼけても普通に生きられる

グループホームは老いをつつむ心の縁側

生活介護ネットワーク理事
西村美智代 著

近代出版

グループホームは老いをつつむ心の縁側

―ぼけても普通に生きられる―

目次

●表紙装丁　本多富弥
●イラスト　時岡仁美
西村雪野

はじめに　夢のありかへの出発

私の心を動かした衝撃的な出会いがありました。それは、栃木県の民家で運営しているあるグループホームを新聞記者に誘われて訪ねたことです。本当に小さな一軒家でした。一歩足を踏み入れるとそこには、高齢者の方々が五人で若いスタッフと楽しそうに歌を歌っていました。この方達が痴呆で何も能力がないように世間で思われている人達とはみえませんでした。

その中の一人に、当時八〇歳位の「アイさん」という方がいて、愛嬌のある話し方に私はすっかり魅せられてしまいました。お話を聞くと深川の出身で、結婚前は、芸者になりたかったそうです。そののち出会った夫に連れられて、この地に住み着いてしまったが、踊りや歌がいまだに大好きだとおっしゃいます。このグループホームで行事として行っているファッションショーの時の、アイさんのとても様になっている着物姿をみせてもらうと、その話にもうなづける気がしました。みんなで公園に散歩に行くことになりました。公園では、それぞれがブランコに乗ったり、犬と遊んだりしている中、アイさんは私に「踊りましょう」と言って、手を握ってきました。私達二人は、公園の真ん中でチークダンスを始めました。私を昔の恋人と勘違いしたのか、耳元で「愛しているよ」とささやいてくれました。私も、もちろん「愛しているよ」と返したのは言うまでもありません。

その出会いからしばらくして、彼女が、家の都合で「特別養護老人ホーム」に入居させられた、と聞きました。グループホームのスタッフが会いに行くと、「それまでのアイさんの明るい表情、元気な笑い声が全くなくなり、つなぎの寝間着を着せられていて、意気消沈した、あきらめた顔つきをしていた」と言います。「アイさんは個室に入れられ、ベッドにつながれていて、それに対して抗議を申し入れたことによって、面会を禁止されてしまった、だから時間があったら面会してあげて下さい」とそのスタッフは私に頼みました。会いに行くと、まず、「どこから来たのか、どういう関係なのか」など、その施設の窓口で根ほり葉ほり尋問され、私は思わず「昔のダンス仲間です」ととっさにうそをついてしまいました。その後「ここは、面会をするのに人間関係を話さなくてはならないのですか」ときつく問い返したら、係の人は「すぐアイさんを連れてきます」とあわてふためいて走り去っていきました。奥にある鍵のかかった個室から、つなぎを着せられ暗い顔をして連れてこられたアイさんが、公園で一緒に踊ったアイさんだとはとても信じられませんでした。何を話しかけても、答えることができないほど、彼女は無気力になっていました。そこで、係の人に「なぜ個室なのか、なぜ鍵をかけなければならないのか、なぜつなぎの寝間着なのか」と聞くと、「おむつをはずす、外に向かって大声を張り上げる、大騒ぎするから仕方がない」という答えが返ってきましたが、それまでおむつをしたことがないアイさんがおむつをされたら気持ちが悪くて取り外すのはあたりまえのことです。お話が大好きで、遊ぶことが大好きなアイさんがこれができなくなったら、彼女らしくありません。私もショックのあまり、かける言葉につまり、アイさんの隣に座り手を握って、沈黙の時間を過ごしました。ふるえているアイさんに一言「寒くないですか」と言うと、無表情にこくん、と首を傾けただけでした。

帰路、悔しさや悲しさがこみ上げ、ぼけても安心してその人らしく生きていけるようなグループホームを作ろうと、固く自分にいい聞かせました。

もう一つ、そのような決心をさせたきっかけになった出来事がありました。後に述べますが、地域で安心して暮らせるようにと「生活介護ネットワーク」を結成しましたが、そのネットワークで三回のシンポジウム、「ぼけても普通に生きられる」を開催しました。スウェーデンからグループホームの創始者である精神科医を招いた第一回目は、大反響を呼びました。そのとき寄せられた声の数々から、自宅で介護をしている家庭の多さに気付き、埼玉県の痴呆性老人の介護状況の実態調査を実施しました。その結果みえてきたものは、「家族介護の限界」ということでした。そこでミニデイサービス「陽だまりの家」を近所のおうちをお借りしてスタート。何度か新聞などでとりあげられました。

そして、二回目のシンポジウムの時です。シンポジウムのアンケートに書かれた、ある大きな老人福祉施設で働いている人からのお手紙が、私の心を激しく動かしました。

それは、このような文面でした。「私がお世話しているお年寄りが、『陽だまりの家』の新聞記事を読んで、こういうところに入りたかった、こういうところに入りたかった、と何度も何度も言いながら亡くなったのです。本当にこういうところがたくさんあればいいですね」、私はそのお年寄りの気持ちに胸を打たれ、一週間、台所仕事しながらもこの手紙を思いだし、泣けて泣けてしかたがありませんでした。

「陽だまりの家」を始めて気付いたことは「家族のストレス」です。それはすごいものがあります。それがまた逆に介護される本人のストレスになっていて、お互いに悪い影響を与え合っているのです。

本文でも述べますが「陽だまりの家」に初めて痴呆の人をお連れになった時、まず家族の方々が泣き出すということは、少なくありません。介護することへの疲れが蓄積し、それが要介護者への恨みとなって噴出しそうになり、それを押さえ続けてきたので、信頼できる相談者に出会えたことで、緊張が一気に切れてすべてをさらけ出すようになるのです。

他人に介護されることによって、介護する人のストレスがとれ、痴呆の人も周囲の顔色をうかがってストレスをためることなく、その人らしい生活ができるようになると、家族にも痴呆の人にも余裕が出てくるのです。痴呆にまつわるストレスは、「家族七割、本人三割」といわれるくらいです。私達はそのことを考慮して、「家族の会」を作りました。そこでは、「家族同士がお互い、胸に秘めていたものを吐露しあい、聞きあって、またそれを私たち「生活介護ネットワーク」が支えます。また、私は、その下でそれを地域が支えてくれることが必要だと思います。

なぜ、家族にストレスがたまってしまうのでしょう。私はそれは、「痴呆は家族の恥だから、家族の内部で処理しよう」という恥の意識と、家族同士が地域で交流し合うことが少なくなった、この現代社会の構造に問題の根っこがあると思いました。私が小さかった頃、父がかんしゃくを起こして、母に物を投げつけたり、ガラスや茶碗を割ったり、障子やふすまを破って暴れたとき、家族にとっては恥には違いないのですが、近所の人が喜んで集まり、次の日には障子屋さんや畳屋さんやガラス屋さんが集まって、和気あいあいとひとつのネットワークを作っていました。

また、後に述べますが、昔の家には「縁側」があって、近所の人たちが内部に立ち入りすぎずに、何か不都合なことがあればさりげなく気を使ってくれたりしたものでした。それはプライバシーがあまり守られないこともあって、現代ではそのように他人が入り込むことを嫌う人が増えてきましたが、それはそれで自由があってよいものだと思います。しかし、自分や家族が痴呆になったとき、先にも述べたように家族の内部での「ストレスの悪循環」が起きてしまいます。

新しい世紀の新しい介護、ひいては老人だけでなく子供まで含めた社会のすべての人々にとって必要なもの、それを私は、十何年も前から心に夢として描いてきました。そして、後に述べます地域活動、そしてネットワーク、デイサービス、グループホームを通してすこしずつその夢に近づいてきた気がします。それは、「心の縁側」です。入りすぎず、でも完全に他者と切れているわけではない、優しいまなざしを与えあい、享受できるそんな場所が、きっとこれから必要とされ、生まれてくるでしょう。

この本では、現代の介護状況とグループホームの実態、そして問題点を数々の実例をあげつつ述べます。そしてこれからグループホームに入居しよう、もしくは関わっていこうと思っていらっしゃる方に、ある程度の見方を示すことができれば、と思います。

そして、痴呆の介護、またはそれをつつむグループホームは、要介護者とたくさんの人々が出会う場です。きたるべき未来の社会に向けての新しい場所、人々が触れ合う「心の縁側」のひとつのあり方として、つまり人生の終着駅という暗いイメージではなく、「夢のありか」として、希望を持ってグループホームを語ることを許していただきたいのです。

たくさんの人々との出会い、さまざまな人々の思いが紡いできた夢が、皆さんに少しでも届き、心を安らげて、新しい力が湧き出る一助になれば幸いです。

第一章

グループホーム「たのし家」「うれし家」

Ⅰ　つくりました「グループホーム」

1　グループホームの名は「たのし家」です

住宅街の普通の一軒家から早朝、にぎやかな声が聞こえてきます。家の前の道路は子供達が近くの小学校へ班ごとにきっちりと並んで登校していました。私が「おはようございます」と玄関を入ると、お年寄りの方々が集まってニコニコと楽しそうです。その顔は訪問した私に向けられているのではないとすぐわかりました。登校する子供達の声につられ、玄関をあけて笑顔のあいさつが始まっていたのです。私もお年寄りの方々と一緒に子供達に笑顔であいさつをします。お年寄りの方々と少しだけ違うのは、「今度、遊びに来てね。本もあるし、ゆっくり宿題でもやっていけばいいから…」と声をかけることです。子供達の姿がみえなくなってお年寄りとスタッフの朝食が始まります。

ここは、浦和市にある見慣れた一軒家で六人の痴呆症のお年寄りとスタッフが一緒に生活しているところです。血縁関係のない他人同士が一緒に暮らしています。こんな住まいを、痴呆性老人のグループホームと言います。

私達、生活介護ネットワークは、スウェーデンのグループホームの創始者と出会いがあり、念願のグループホームを一九九八年十一月二三日にスタートさせました。痴呆性のお年寄りとスタッフ、そしてそこを暖かく見守る家族や地域、そして生活介護ネットワークが「グループホームを作る会」をスタートさせてから二年かかりました。

いろいろな思いや出会いがあってできたグループホームですから、名前にも夢や希望そして期待が集まります。皆でアイデアをもちより決めることにしました。しかし、期待感が大きくなかなかこれ！というのがみつかりません。グループホーム「ぶらり亭」、「さくら荘」「大東」や花の名前がたくさん出てきました。でも皆の顔が明るくなりません。そこへ、事務局の人が「たのし家（や）」という言葉を発したとたん、「決定」という声が飛び交いました。時間を費やして始めたグループホームですから名前にも思いをこめました。はじめは、慣れない名前にとまどい電話の応対に、「グループホーム、吉野屋です」「グループホーム何だったっけ（家）」とすんなり出てこなかった家の名前も今では、自分の姓名と同じように出てきます。このようにして、近くには商店、郵便局、保育園、公園があり、道路をはさんで目の前は小学校というグループホームにとっては最適のところに「たのし家（や）」という新しい家族が生まれました。

2 始まりは、生活介護ネットワークです

若い頃は、自分が年をとって体が思うようにならなかったり、病気になって孤独になったり、人の助けを借りながら生活することを想像することもなく生活していました。想像することは、いつまで

も元気で動いている自分でした。ところが、日本の高齢化が進んでいることが生活の中でわかるようになり、自分も加齢とともに体力の低下を感じるようになると「こうなった時に自分らしく生活が続けられるのだろうか」とさまざまな状態を考えるようになりました。日本の高齢化は急速です。世界でも例をみないほどの速さです。日本人は呑気だとよくいわれます。その日本人が昭和二〇年には平均寿命五〇歳だったのに今では八〇歳を越えました。長生きすることに心の準備がなかった日本人があわてて「高齢化対策とは」と動いているようにみえます。

私にとっても「高齢化対策」のきっかけがありました。地域活動の中で介護している人達との出会いがあり、介護の大変さをまざまざとみせられました。そこで勤務していた会社で、寝たきりの人でも「自立」できるような介護用品を開発しました。介護は、される方、する方の双方の人権を考えなければいけません。介護する人にとっても少しでも楽になるようにと、考慮して作った介護用品に願いを込めて「タベラック」と名付けました。

タベラックは、寝たきりになった人が枕元において水分を補給するのに便利です。倒しても水分がもれないことで布団をぬらさないため、家族に気を使う必要がありません。また、吸う力がなくなった人の水分補給に周囲は苦労します。脱脂綿に水分を含ませて飲ませたという話もよく聞きます。そういう状態になった人に、タベラックを押して出してあげると最期まで口から水分をとることができます。また、痴呆になった人で、口を開けずに食べることを忘れた人がいます。そういう人には、流動食用のタベラックで口に入れてあげるとうまくいきます。タベラックとは、食べるのに楽ということと食べられる幸運という意味をこめてあります。

この介護用品を世の中に出したことで社会の有様がみえてきました。日本の福祉や医療の現実をみせつけられました。自分で作った介護用品にはメッセージがあります。それを自分で伝えたいと思い全国の病院や施設をまわりました。そこで死に直面している人に会って死に場所に満足しているのだろうかと疑問をもち、自分のできることの難しさを考えました。

日本の医療制度、福祉制度は制度を作る側の都合に片寄り、利用者である国民の顔がみえていないように思われました。一九六三年に老人福祉法が制定されてから三六年経ちます。今では公的介護保険で高齢者はバラ色になるという論調まで出てきています。制度というのは、それに人を合わせるのではなく介護を受ける人がそれまでの人生を大切にし、継続して生きるには、どんな方法があるかを自分で選択し決定し利用するものです。

私は、開発した「タベラック」を全国各地の展示会での説明にかけまわり、各地の老人福祉の取組について、現場の保健婦さんや患者さんを通して、その実態を知っていくうちに、同じ日本の中で、なぜ、こんなに差があるのだろうか、自分の住む街はどうなっているのだろうかと思うようになりました。そんな思いを友人に話をしました。友人は「何とかしたい」と素早い反応を示し、それから人の輪が広がっていきました。

そして、市民である私達は自らの高齢社会を住みやすい地にしようと「生活介護ネットワーク」を一九九二年に発足させました。介護を生活に視点をおいていこうということで名づけました。発会式には一五〇人もの人が集まりました。

会の呼びかけは「高齢社会にあって、安心して老後をむかえることができる充実した福祉制度、および地域社会実現のために、年齢、性別、職業を越えた幅広い層の人々がともに考え、学び、そして行動する会です。同時に私達は、それらの活動を通じて豊かな人間関係を築き、その中で自立して自分らしく生きられる老いのステージを準備したいと願っています」としました。今年、九年目をむかえた生活介護ネットワークは、会員三五〇人の会です。寝たきりや痴呆になっても住み慣れたところで暮らし続けたいという思いを可能にするには、社会もそして自分達もお互いに社会的介護を担っていくべきです。

「陽だまりの家」やグループホーム「たのし家」そして「うれし家」はそんな中から生まれました。

3 ネットワークが取り組んできたこと

福祉というのは普遍的な暮らしの継続です。ですから特別なことではないのですが、なぜか福祉はわかりにくくなっています。むずかしい用語や行政が市民からみえにくいからだと思います。

生活介護ネットワークでは、行政を身近に感じることから始めることになりました。一九八九年(平成元年)に国ではゴールドプランを設定し、さらには一九九〇年(平成二年)には市町村および都道府県ごとに老人保健福祉計画の作成を義務づけました。ところが、この作成を業者に丸なげで委託するところや市民や医療、福祉関係者、介護ショップなどが参加し行政と一体となって作成しているところなどさまざまです。行政の福祉の窓口に行き、相談や質問をすればその姿勢はすぐわかります。

私達は、市民の福祉への関心がその街の福祉のレベルを決定すると思って行動しています。ですからネットワークがまず取り組んだことは、与野、大宮、浦和の老人保健福祉計画の中味を知ることでした。

「どうなっているの？老人保健福祉計画」と題し市民参加の下で、パネリストに行政、市会議員、社会福祉協議会、福祉従事者などに出席してもらい、討論しました。会場から「自分が介護が必要になったら誰にみてもらいますか」「この計画で安心して寝たきりや痴呆になれますか」という質問が飛び交いました。一番印象的だったのは八八歳の一人暮らしの男性が「福祉って、考える人と利用する人が違うからダメなんだ。俺の先は短いが次の人達が楽に年をとって生きるために行政に対して住みやすい町にしてくれと運動するんだ」という発言でした。三市を比較してどれも特徴のない中味に、市民同士の支え合いの必要性を痛感したのです。特に、痴呆症になったら他人の手助けは必要不可欠です。

その痴呆症とは一体どんなものなのか、現実にどこにいてどんな状況なのか病院や施設見学を始めました。実態をみて同じ人間としてショックを覚え言葉を失いました。人間としての生きる姿ではありませんでした。

そこで外国の施設を見学にでかけました。まずは、スウェーデン、デンマークに行きちょっと足をのばしてフランスに行きました。

スウェーデンは民間事業者が参入するとのことで転換期にあり混乱していましたが、高齢者が自分らしく生きることに努力していることと、マンパワーに余裕がありました。ただ、街の中に使い捨ててある注射器や紙切れをみてこの国の先に不安を覚えました。デンマークはのびのびとした人間性に安らぎを感じてとても身近な存在に思えました。大きな施設は作らずに在宅サービスを充実させる意気込みは現場を見学しても感じました。二四時間の巡回サービスも充実して自分の家で安心して最期をむかえられる体制が整っていました。スウェーデンもデンマークも痴呆対策はそれぞれの案がありますが、共通しているのは「ぼけてもその人らしく、やりたいことをやる」という点です。ビールを飲んでいる人、復活祭で売るショールを編んでいる人など普通の生活が、痴呆を感じさせませんでした。

その点フランスは、福祉の後進国ということですからいつまでも元気に暮らせるようにお年寄りの方々は自助努力していました。その中でパリの外れにカントウというグループホームを、エンジニアだった人が運営していると聞き見学に行きました。もと公団アパートを借り、自主運営されていました。ここで学んだのは、地域の市民参加と入所者会議です。入所者会議には、家族も出席し意見を言います。痴呆の人の人権をどう守るかなどについていろんな方向から努力されていました。このような外国の施設から学んだことを自分の住む地域で生かそうと考えました。

一九九四年二月、縁あってスウェーデンのグループホームの創始者である精神科医のバルブロー・ベック・フリスさんが講演にきて下さることになり、「ぼけても普通に生きられる」というテーマで講演会を開催したのです。これが私達にとってどれだけ大きな意義があったかは、この五年間の活動をみればよくわかります。人間にとって考えていることとやりたいことは、きっかけがあって可能になることがわかったのです。

これを契機に埼玉県における「痴呆性老人介護状況調査」を行い、埼玉県に要望書を提出しました。私達、ネットワークは、要望書を手がかりに行政との関わりが多くなりました。実態調査を行うことにより市民との連携が広く強くなることや自分達の街は何が必要なのかなどがみえてきます。

次に行なった「大宮市の福祉サービス実態調査」も、これまで連携していなかった市と近づくきっかけになりました。

自分達の住む地域に何が必要なのかを考え、「陽だまりの家」のデイサービスを始めたのは、家を貸して下さる人との出会い、調査の結果からの支え合いの必要性、ネットワークの会員の思いなどが一つになったからです。そして「ぼけても普通に生きられる」を二年に一回開催し、パートI〜パートIIIまでを報告集として発行しています。これを通して全国に会員が拡がっていきました。週一回のサービスから始めて一年半で毎日型（月、火は休み）に移行しました。それは「陽だまりの家」をオープンしてすぐに家族の会や会食サービスを始めたことで家族や地域の顔がみえ、責任をもって運営するには常勤のスタッフをおき生活の場としての基盤を作りたかったからです。

毎日型にすると利用者やその家族の生活がよくみえるようになりました。また、顔を合わす機会も多くなり相談も増えました。話を聞きながら、家族だけの介護は本人にとっても家族にとってもマイナスだと考えました。

一九九六年十二月二七日に厚生省へ「グループホームに関する要望書」を提出しました。グループホームが欲しいとそれぞれが思いを募らせていたのです。そして、家族と共に「グループホームを作る会」を発足させ情報収集に努力していたところ、一軒家を貸してもいいという人に出会ったのです。グループホームを密室化しないために、デイサービスを併設しようということでグループホームの所在地である浦和市に補助金給付の交渉をしました。ついにデイサービスの弾力化事業として委託を受けたのです。年間八〇〇万円の委託費は、私達にとって神様のような話でした。委託を受けたといっても、「来年四月からは、介護保険導入ですから今年度までです」という言葉がそえられました。それでも「たのし家」はいい形でスタートできたのです。

4 「風の子文庫」が原点です

私が「生活介護ネットワーク」を作りたいと思ったのは、市民活動を長年やってきた背景の中に子供からお年寄りまでが普通に暮らしたい、それは異年齢で支え合って生きることこそ人が育ったり人を育てたりすることだと考え自宅で「風の子文庫」を開いたことからです。

私は、住宅街であるにもかかわらず子供達に遊び友達が少ないのが、とても気にかかっていました。私が小さい頃には、あたりが暗くなり、お腹がペコペコになるまで遊び回っていたものです。子供時代という何でも受け入れられる時期だからこそ、遊びを通じて得られる「大切な何か」があるのではないでしょうか。自分の子供だけでなく、地域の子供達のみんなに、そんな大切な何かを感じて欲しいと思うようになりました。子供が安心して集まれる場所を作ろう、そして、ともに住む地域作りをしよう、ネットワーク作りをしよう、私は切実にそう思い至って文庫活動を始めたのです。

まずは、地域のお母さん達と近くの学校の校門に立ち、「みんなで共育しませんか」と書いたチラシを何回も配りました。入学式では、新入学児童に「こんな楽しいところがあるよ。友達も本もたくさん。文庫で待ってます」と書いたチラシや本の貸出し帳を配りました。自分の子供だけを前にして毎日の生活をみつめるより、大勢の中の一員として自分の子と接するほうが、子供をみる目と心の幅がもてるのではないか、だから、「共に育ててみませんか」と呼びかけたのです。この呼びかけに、大勢の母親や子供が応じてくれ、「風の子文庫」がスタートしたのです、そして集めた本の数は約千冊。もちろん、本を読みたくない子も遊びにやってきます。お母さん達十数人が世話人となり、交替で貸出しや読み聞かせの当番をするうちに、大勢のお母さんが出入りするようになり、教育のこと、嫁姑の間柄のこと、地域のあれこれのことと、いろいろな話題が次から次に飛び出して、私達は時間を忘れておしゃべりを楽しみました。こんな風に、文庫を基盤に、多くの人との出会いが生まれました。さまざまな子供達、大人達が群れており他人の痛みや喜びに接し、感情を素直に出せる場、人が人としてのあたりまえの姿がそこにありました。登校拒否やいじめの問題があったら話し合いをしたり、その道の専門家を呼んで勉強会を開いたりしました。母親達は自分達の世界を作り、お互いに学び合うことで子供を自分の中にかかえこむということが自然に少なくなったと思います。恥ずかしいと思ったことも皆に話をすると簡単に脱却できることもありました。まさに介護の問題と本質は同じだとしみじみ感じます。「風の子文庫」を原点に、まさにその延長として「生活介護ネットワーク」「グループホーム」は展開していったのです。

5 「グループホーム」を作りたいと思いました

どうしてグループホームにこだわるのかと時々、自問自答します。あの時の出会いが忘れられないからです。

秋田にある老人保健施設を見学に行き、「グループホームを作る」という理事長に会いました。さて、どういうものか検討がつきませんでしたが、グループホームができたという知らせを聞き、泊まりがけで行きました。大きな驚きをうけたのです。入居者の中にみたことのある顔があると思ったら老人保健施設で会った人達です。話し方、表情、身なりなどまるで別人のようです。大きな施設にいるときは声も出さなかった人達が、楽しそうに台所仕事を手伝っていました。ご主人が、元議員だったという人は、とりしきるのがうまくて、私も客として暖かいもてなしを受けました。一人静かに音楽を楽しんでいる女性は、夫が開業医で忙しいために、少し離れたところからの入居でした。その頃は、夫が会いにくると一緒に帰ると言って泣いていたのが、三回目の訪問の時は、「さようなら」と別れができるようになっていました。働くのが嫌いで食事ができるのをテーブルに着いて待っていた姿が印象的でした。六人の入居者はそれぞれが好きなことをしており、自分の部屋をみて欲しいと言われて入ると、それぞれに特徴のある部屋でした。帰り際、元議員の妻に、「気にしなくていいから、もっていきなさい」と紙で包んだものを手にしっかりつかまされました。気を使ってくれなくていいのにと思いながら強引にもたされた包みを、バスの中で、開いてみました。私は、お金だと思いこんでいたので、アメ玉一個入っていた時には、ホッとするのと同時に、くれたのは痴呆の人だったのだと思い起こすと、自分が普通の人と同じように接し同じ価値観であったことにてれてしまいました。でも、その思いがうれしくなり、グループホームへの夢とつながっていきました。

現実に、作らなければと思ったのは、痴呆性老人介護状況調査で出会った人達の苦情に接したからです。痴呆である本人も外との関わりややりたいことなどが伝わってきますが、一方、介護者の話を聞くと精神的、体力的に限界だと思いました。お互いにストレスがいっぱいたまっていました。介護者もやさしくしてあげたいと思う反面、今までの本人と違う言動に我慢ができなくなって叩いたり小言を吐いたりするといいます。他人であれば、今の本人をそのまま受け入れることは可能です。むしろ痴呆の人は素直で、感が働きますので話をしていてとても楽しい思いをします。実態調査は、痴呆症とその介護の現実を私達に知らしめ、社会的介護の必要性を痛感させました。

最初はデイサービスから始めたのですが、グループホームへの夢はずっともち続けていました。痴呆についての勉強、日本にはどんなグループホームがあるのか調べました。行政、社会福祉法人、医療法人、民間など設置主体が違うとグループホームの雰囲気も違います。

私達のグループホームは人の気配のする賑やかなところに民家を借りて始めたいと思いました。地域の人達が遊びにきたり、ボランティアができるところが、生活感をとりもどせていいと思いました。夢と希望はもつものです。それはどんな状況に置かれても失われないことが大切だと思います。グループホームへの道は遠かったのでしょうか。近かったのでしょうか。

6 ミニデイサービス「陽だまりの家」からスタートしました

「陽だまりの家」は、与野駅から歩いて五分位のところにある一軒家です。周囲は古い商店が並んでいて、近所は長年住んでいる人達が多い地域です。ここでミニデイサービス（週一回の利用）をスタートできたのは家主であるNさんの好意があったからです。Nさんとの出会いがあったから、グループホームへの道も可能になったと思います。

Nさんは、私の知人のお姉さんで病親の介護のために長年勤めた仕事をやめ、子育てと介護で悩んでいました。相談にのったことがきっかけとなり、空家を無償貸与してもらいました。家賃を払って「生活介護ネットワーク」の事務所をもとうと決めていた矢先の話に、出会えたことに感謝しました。一軒家でしたのでデイサービスも可能となり二重の喜びとなりました。早速、ワーキンググループを作り、一歩ずつ開所に近づいていきました。

その頃、ある新聞のインタビューを受け、痴呆性老人のミニデイサービスを始めることが新聞に掲載されると、いろいろな方から「新聞を片手に電話しています」と相談の電話が相次ぎました。電話第一号の方は、待っていられずにオープン前に見学に来られたのです。今でもその時の様子がありありと目に浮かびます。第一号の利用者になられたSさんの妻は、「やっと自分の考えていたところに出会えました」といってワーキング・グループの会議の最中にこられ、生活介護ネットワークの理念と家の雰囲気が気に入られたらしく利用したい意志を告げられて帰られました。家族介護で疲れた様子がうかがえ、ミニデイサービスをスタートするにあたり気の引きしまる思いがしたのです。

週一回土曜日のミニデイサービスには娘、妻、嫁が申し込みにきました。共通しているのは女性の介護と疲労が限界に達していることでした。特に精神的疲れが目立ち初対面では要介護者に対する不満が一気に語られました。また、病院に対する不信感と親族との対立による孤独感など介護している人は孤立していました。話すことによりたまっているストレスが少しずつ解放され介護者の表情にも余裕が出てきました。

7 家族の会が始まりました

痴呆の方々の介護と同じように介護している家族のケアを重要に考え、家族との話し合いの場を定期的にもつことにしました。それが月一回行っている「家族の会」の始まりです。

家族の会は五年目を迎えますが、最初の頃は喫茶店で精神科の医師もまじえて行いました。家族が同じ悩みをかかえているために同志間の信頼が生まれ、徐々に何でも話せるようになっていきました。新しいメンバーが入ってもすぐにうちとける会となり、父親の介護に困っている娘が介護に対する姿勢を変えて欲しいと願い、母親を同行しました。かたくなだった母親が他人の暖かさにふれ少しずつ心を開いていきました。「うちのおばあちゃんは―」「うちの夫は―」と話しながら笑い声が出るようになりお互い様という意識が作られてきました。

喫茶店での会合は、家族の人数が増えたことと時間制限があるために、「陽だまりの家」に場所を移すことになり、月一回第一火曜日になりました。最近、日曜日に変更したのは、グループホームの家族の方で働いている家族が出てきたためです。

また、家族の会に代表を置いて生活介護ネットワークとの窓口になってもらっています。テレビ、雑誌、新聞などに登場する際、家族の会の連絡網を通して確認してもらったり、利用者が亡くなられた時に家族の会と生活介護ネットワークが連絡をとり合いお葬式に参列します。亡くなられた家族のフォローもし、いつか皆が通る道だからと自分に言い聞かせ、お互いに支え合っています。家族の会が存在しなかったら、デイサービス、グループホームの質が向上しなかっただろうと思います。

8 地域へと活動を広げました

デイサービス「陽だまりの家」を始めたいという強い願望をもった大きなきっかけは埼玉県の痴呆老人の介護状況調査でした。痴呆の本人の問題として、外へ出たいという気持ちが強くあることや、介護している人のストレス解消法など問題が山積みされている現場に出会いました。家族は密室化され介護される人もする人も追い込まれていたのです。この問題を地域の問題としてとらえて社会的な介護へしなくてはいけないと考えました。特に痴呆をかかえる家族は地域から孤立してしまいます。痴呆を恐い病気と考え、外に向けてSOSを出さない人がたくさんいました。

「陽だまりの家」をスタートをする時にまず地域の理解を得たいと思い、挨拶に行きました。痴呆のお年寄りとの出会いのない地域の人々の理解はすぐには得られませんでしたが、少しづつお話をさせてもらったり、痴呆の人達と散歩に出かけた時などは積極的に声かけをしました。「陽だまりの家」の近隣は住宅街でその中に、商店街があります。近くの店で買物をする時は痴呆の人も一緒に出かけることもあり、店の人との接点ができました。「実は、我が家にも痴呆の親がいるのです」という話が出たりして少しずつ地域の人の気持ちが和らいできました。バザーを催す時のポスターを積極的に店のガラスに貼って下さる人もありました。地域の人々との出会いが広がり、「陽だまりの家」の認知が高まると問い合わせや見学、そして協力も増えました。また、ボランティアをやりたい人からも様子がみえやすくなったこともあり参加が多くなりました。高齢者問題が世間で多く語られるようになり、デイサービスやグループホームの運営は地域に根づきやすくなりました。私達も地域に溶け込む努力を惜しみなくやっています。各新聞に時々チラシを入れ、現状や催し物の案内をしています。

さらに、高齢者の方々がどんな暮らしをし、どんな不安をもち、かつどんな情報をどれだけもっているのかを調べようと思い高齢者福祉実態調査を行いました。地域の人達の声を行政にあげることとなり、要望書を出しました。調査をやるたびに地域の人の顔がみえて、これからの高齢社会に不足していることもわかってきます。子供からお年寄りまでが安心できる地域作りのために活動を地域に広げたことはとてもよかったことです。

グループホームの運営も何の反対もなく行えているのは、チラシや会話で地域の方々に丁寧に説明しているからだと思います。小学校の授業参観や自治会の盆踊り、老人会のお祝いの参加が可能なことも積み重ねの結果です。

特にグループホームは入居者一人一人が自治会に入り、地域住民として生活し、常に地域の方々との接点を心がけています。

9 「陽だまりの家」がデイサービスに発展しました

ミニデイサービスを始めて一年がたちました。毎週土曜日十時から四時までに利用者六人が利用していました。スタッフは、パートスタッフ一人とボランティアでした。ボランティアは、生活介護ネットワーク世話人と近隣の理解者です。パートスタッフは、毎週ボランティアをうめるための苦労が大変でした。痴呆の利用者対介護者が一対一と考えていましたので、一日四〜五人のボランティア確保に明け暮れていました。今から考えると何というむだな苦労をしていたのだろうと思いますが、手さぐり状態で始めましたので必死でした。ミニデイサービスからデイサービスへ移行してこの苦労が少しずつ減少しました。

ミニデイサービス（週一回の利用）をスタートして一年でデイサービス（日曜以外の利用）「陽だまりの家」に移行した理由は、次の三つに分けられます。

① 利用者や家族にとって
- もっと利用したいという要望が強い
- 利用したい人が待機している

・利用者や家族の声がより反映できる

② スタッフにとって

・関係を日常のものにしていくことで、一緒に暮らしがつくっていける

・責任をもって創意工夫が生かせる

・常勤スタッフを中心に安心して運営体制が作れる

③ 地域にとって

・地域との接点や見守ってくださる方からもサービスがみえやすくなる

・社会的サービスの不足が補える

「陽だまりの家」がミニデイサービスからデイサービスに移行した頃は、公的なデイサービスは土曜日が休みのところが多く、家族から「土曜日は夫が会社が休みなので静かに休みたいというのです」「家族で出かけたい」などの要望がありました。夫の親を介護しているのに、静かに休みたいとは何だろうと疑問に思いましたが、介護者のことを考えると土曜日が利用できることは大きなことでした。

「陽だまりの家」がデイサービスに移行してからさまざまなことがわかりました。

デイサービスにすることでスタッフ体制を変えました。常勤スタッフ一名とパートスタッフ三名、それにボランティアで、安心してケアに専念できる体制にしたのです。

ところが、利用者は、一日三五〇〇円の利用料ですので給料を支払うのに足りません。そこで生活介護ネットワークの会員である全国三五〇名の人達に「陽だまりの家を支える会」へのカンパのお願

いをしました。一口一万円で一三〇万円集まりました。会ったこともないお年寄りのために、お金をカンパして下さる方々がたくさんいらっしゃったことで会員の気持ちがみえたような気がしました。お金がないのは確かに大変です。しかし、最初からお金があったらこれだけ多くの人が同じ価値観で結ばれたでしょうか。

そして、わかったことの二つ目は、生活、医療、福祉の間でいろいろな問題がみえてきたことです。週一回から毎日型に変更したことで、お年寄りの生活がみえてきます。何を大切に生活しているかという視点に立ちますと過量な医療行為もみえます。その人にとってＱＯＬ（生活の質）を落とさないためには、その人にとって最適な医療がなされているか見届けなければいけません。スタッフも薬の副作用による体調の変化など観察するようになりました。そして医療機関との信頼できる連携の必要性を感じたのです。

わかったことの三つ目は、グループホームの必要性を痛感したことです。毎日、デイサービスで本人や家族に出会っていると、本人にとってはもちろんのこと、家族の苦労がもっとみえてきて三六五日二四時間の社会的介護が必要だとわかります。そこで「家族の会」で「グループホームを作る会」を発足させました。

最後にわかったことは、民間（非営利）の財源の問題です。社会的認知の少ないＮＰＯは、補助金や寄付が受けられません。毎日の運営は大変だとわかりました。しかし、それ以上に喜びが大きかったのはいうまでもありません。

10 三年後、グループホーム「たのし家」ができました

ミニデイサービスを始めた頃も、最終目的はグループホームでした。住み慣れたところで自分らしく生活していくには、痴呆の人にとってはグループホームが最適だろうと考え運動を進めてきました。埼玉県や大宮市にグループホームを作るようにと要望書を提出しましたが、答えはノーでした。しかし、私達の目の前には痴呆のお年寄りとその人を介護する家族がいます。痴呆のお年寄りの体力の衰えや、痴呆が進むと家庭介護には限界があります。しかし、病院や大きな施設に入所させたくない家族の思いが家族の首をしめているのです。デイサービスやショートステイそしてホームヘルパーを利用しながら何とか毎日をしのいでいても精神的苦労は並大抵ではありません。

生活介護ネットワークでも早くグループホームを作りたいと気持ちは焦りましたが、いい情報がよせられませんでした。「グループホームを作る会」で、不動産の情報を取りよせ一軒家を見に行きましたが、四〇〇〇万円近い価格に手が出せませんでした。

「グループホームがあればね」と言いながら精神病院に入院した「陽だまりの家」の利用者第一号のSさんは、なかば諦めた様子で静かに病室におさまりました。胸が痛み、とても悔しい思いをしました。それから時々病院に面会に行きましたが、「陽だまりの家」にいた時のような明るさは消失していました。

皆から可愛がられたYさんはパーキンソン病でしたが、小さな体を動かすのもやっとで言葉もなかなか出てきませんでしたが、クリスマス会の時、マイクを向けられると「サクラサクラ」をはっきり

とした声で歌い皆が感動して涙、涙の合唱風景になりました。その彼女が容体が悪くなり病院で亡くなりました。

SさんとYさんには間に合わなかったグループホームの一軒家を無償貸与するという人が現われました。「陽だまりの家」の時と同じように出会いがありました。

「心の縁側講座」という新聞社主催の講座を受けもっていた時に、参加されていた方が話を聞かれて申し出て下さいました。

これが「たのし家」のスタートです。皮肉にもYさんのお葬式の日、家族の会の人達も「たのし家」の家に集まり、入居金や生活費について語り合いました。

家族の会の全員が集合し、大掃除をして下さいましたが、入居する人もしない人も一緒に大はりきりでした。いつかは入居するという思いを抱きながら一生懸命掃除をして下さったのには、頭が下がる思いがしました。

エレベーター設置、手すり、トイレなど住宅改造に八〇〇万円かかる事がわかり、バザーを開くことにしました。「たのし家」を近隣の人達に知ってもらうことと資金集めのため、「たのし家」でバザーを開きました。当日は一〇〇人近い人の参加があり、うれしいスタートがきれました。グループホームを密室化しないためには、地域へどんどん出て行くことと、地域の人達にみてもらうことが大切です。そういう点においてバザーは大成功でした。また、資金集めのために「たのし家を支える会」を作り多くのカンパをいただきました。いろいろな人達の好意に支えられて「たのし家」は一九九八年十一月二三日にスタートしたのです。

11 続いて、グループホーム「うれし家」ができました

「たのし家」を開所して四カ月後に「うれし家」ができました。「たのし家」の入居者が「あら、うれしいわ」とよくいっていたことから、二軒目のグループホームは「うれし家」と名づけられました。

一軒のグループホームを作るのに何年もかかり苦労したのにどうしてすぐ「うれし家」を作ったのですか？　お金はどうしたのですか？　また誰かが家を無償提供してくれたのですか？　さまざまな質問が出されました。生活介護ネットワークニュースに「うれし家」のことを書いたのですが、説明が不足しているという意見があり再度ニュースに書きました。

「うれし家」誕生の背景はこうなのです。

まず、第一に、グループホームの継続性の問題です。「たのし家」は会員の方から無償でお借りした家です。一年ごとの更新で五年間の契約をしましたが、家主の事情で五年を待たないでお返ししなければならなくなる可能性もあります。期限があることによって、入居者の方に迷惑をかけないよう考慮しなければいけません。

第二に、なるべく入居者の方々にあった環境の整備です。「たのし家」はグループホームのほかにデイサービスとショートステイを行っています。デイサービスは浦和市から委託されていますので、浦和市在住の方が六名とグループホーム入居者六名の計十二名が利用者です。

痴呆の重い入居者の方にとって大勢の中での生活環境は厳しいことがわかりました。静かな環境で

の生活と、痴呆の軽い人に話しかけられても対応できないことによるストレスからの解放を考えました。

第三に、医療との信頼できる連携です。グループホームは二四時間一緒に生活をする場所です。六人の入居者の方々が高齢であるために体調を崩されることが多々あります。夜中に病院へ行ったり、家族の方々にきていただいたりして対応していますが、医療との信頼できる連携は必要不可欠です。そこで、会員でもある精神科医が診療所を新設しバックアップして下さることになりました。介護の手の不足しているところも診療所がサポートして下さることになりました。

第四に、入居を待っている方がいらっしゃいます。「たのし家」の入居者の方は「陽だまりの家」の利用者でした。なじみのスタッフ、顔見知りの同居者という条件で入居者の混乱もなく生活されています。しかし、六名の枠しかないために、入居を待機されている方がいらっしゃいます。今、入居すれば痴呆の症状もおだやかさを保てると考えました。

第五に、密室化の問題です。

相性の問題は入居者同士、スタッフと入居者の関係があります。地域との関わりや家族が時々訪ずれたり、また、外出をなるべくすることなどに努め、関係が固定化しないようにしていますが、小規模施設では限界があります。相性が悪くなった時の逃げ場として、「たのし家」と「うれし家」の二つのグループホームをうまく利用できるのです。

こんなことがありました。

最初、「うれし家」に入居された時に痴呆の症状が重く、徘徊、暴力があり、スタッフが手を焼いた人がいました。ケアする自信がなくなり入居を断って下さいとの申し入れがありました。

その方はそれまで、精神病院の個室でつなぎの寝間着を着せられ、薬づけになっていましたので、「うれし家」にきて急激な環境の変化で「せん妄」が出ていると思いました。連携している精神科に頼んで入院させてもらいました。二週間位でだんだんせん妄もなくなり落着いてきました。痴呆はすごく軽いということもわかりましたが、本人は自己主張の強い人ですのでそれはそれで介護は大変です。退院後「うれし家」に入居しましたが、痴呆の重い人とうまくいかず「たのし家」に移り住んでいます。

また、若い男性スタッフと男性の入居者の相性が悪く、スタッフが入居者に殴られたり暴力的な言葉をかけられたりしました。入居者は徘徊を毎日二、三回する人ですが、女性スタッフにはとてもやさしく素直な人です。若い男性を、ライバルと思っているところがあります。二人の関係がどんどん悪化したために「うれし家」から「たのし家」のスタッフに移りました。本人が努力しても相手に気持が届かないことがあります。

「たのし家」「うれし家」のそれぞれの特徴を生かしつつ、グループホームは息づいています。そんな中でいつも「うれし家」の入居者が楽しく生活できるように、庭に畑を作ったり、音楽家を呼んだりして静かで活気のある場になるよう心がけています。

Ⅱ 今、グループホームではこんなことが起こっています

1 一日をこんなふうに暮らしています

Kさんが風邪をこじらせて病院に入院した時のことです。スタッフは交代でKさんに声をかけに病院へ行きました。「早くよくなって帰ってきて下さいね。皆が寂しがっていますからね」と言うと「はい、わかりました」と元気な答えがもどってきました。そのとおり、Kさんは、バルーンをつけていましたが、「たのし家」に帰ってきました。中二階の自分の部屋では目が届きにくいので、スタッフと入居者の皆さんがいつも声をかけられるように一階に布団を敷いて寝てもらいました。いつものKさんじゃないと感じた他の入居者の方々が、入れかわりにKさんの枕元に立ち、「早くよくなるのよ。頑張ってね。」「苦しい?大丈夫?」と話しかけていました。その光景をみて、久々に人の本当のやさしさや思いやりの姿にふれ、痴呆になられた人達の素直な気持の表現に心を打たれました。

しかし痴呆の方には、こちらがこうして欲しいということは通じません。その人の時間に合わせて一日を過ごします。

朝の起床時間はバラバラです。「たのし家」の向い側にある小学校へ登校する子供達の声で起きてくる人が玄関の扉を開け、子供達に声をかけます。子供が大好きなお年寄りの顔がほころぶひととき

です。朝、目覚めの悪い人はゆっくり起きてきます。朝食を抜く人が多く不健康な生活が問題になっている現代社会で、「たのし家」の食事は、朝、昼、夕食をバランスのいい、おいしい食事をきっちりとります。入居者の人達は食欲があり、何でもきっちり食べますので風邪をひかないで元気に暮らしています。むしろ無理をしているスタッフが交代で風邪をひきお年寄りにうつさないか心配しました。

十時頃になるとデイサービスを利用する人達が送迎車で到着します。ゆっくりする間もなく賑やかになります。静かなところが好きな人は、自分の部屋へ行って休んだり、台所でスタッフと話をして過しますが、ゲームが始まるといつの間にか加わって楽しそうです。スタッフは、部屋の中でできるいろいろなゲームや体操を考えます。楽しかったことの一つに、運動会があります。

赤組と白組に分かれ、玉入れ、綱引き、仮装行列、パン食い競争などをするその姿は一生懸命です。なかには、ばかばかしくて参加しなかった人もいますが、男性も女性も一緒になって楽しそうでした。

また、出かけることが大好きですので、地域の行事にはなるべく参加しています。自治会に、お年寄りが個人として入会していますので、敬老会の催しにも参加しました。盆踊りは、テントの横に「たのし家」の席が用意してあり、地域の方々の暖かいもてなしを受けました。綿がしを食べながら、子供から高齢者まで踊って歌っている祭りに昔を思い出したのかしんみりして顔をふせている人、手拍子で歌っている人と、入居者の表情に変化がありました。九二歳のSさんは、おとなしくしていると思ったら、炭坑節が始まるとヨロヨロと立上り盆踊りの仲間に入っていきました。私とスタッフで両脇をかかえ一緒に踊り始めたのですが、曲が終ると不満そうな顔をしていました。これはもう一度、グループホームで盆踊りをやらなくては気持ちが収まらないと思い、テーブルを囲んで炭坑節を皆で踊りました。スタッフも入居者ものりが良く、何もない空間がいつの間にかお祭り会場へとなっていきました。人と人とのエネルギーのぶつかり合いでかもし出される不思議な世界が誕生したのです。

日常の生活はどこの家でもある風景と同じです。昼食やおやつを食べ、時には買い物に一緒に行きます。買い物が大好きで、お金を使いたいのです。ハンドバッグはいつも手放さずに抱えています。数百円入ったバックを開け「家に帰るのだったら、お金が必要でしょう。これを持って行きなさい」と、帰りたそうにしている人にお金を貸している光景に出会います。後で、お金がなくなったという騒ぎになったりします。仲良くなったり、ケンカしたりですが、すぐに忘れるというのは痴呆の利点であるかもしれません。スタッフは入居者同士の仲裁に入るのが大きな仕事になっています。喜怒哀楽の激しい一日が、あっという間に過ぎてしまう「たのし家」です。

2 入居者はこんな人達です

山形から娘さんのところへやってきたSさんは、納豆を毎日食べていました。しかも砂糖をかけて食べていたのです。入居する時、娘さんに「納豆しか食べませんから」と言われスタッフはどう対応していいかとまどったらしいのですが、言われたように納豆を出し続けました。しかし、いろいろなおかずが出て、皆で一緒に食べることで少しずつ納豆離れができて、今では食卓にのらなくなりました。九二歳で元気なSさんは、納豆と砂糖が元気の素になっていたのでしょう。山形の金山町に帰ると言っては財布をもって玄関で靴を履きます。町役場に長い間勤務しながら子育てを頑張ったSさんの子供達は母親をとても大事にしています。不治の病になっている娘さんは「母に長生きしてもらいたい」と病んだ体でグループホームに会いに来られ、母親のことをできる限り知って欲しいと伝えられます。とても素直なSさんは山形弁でよく話しをし、民謡が大好きです。盆踊りで民謡が流れると踊り出し、皆でソーラン節を歌っているとそれまで眠っていても突然起き出して歌い始めます。そのSさんは生活にリズムがあります。二日間四八時間しゃべりつづけ、食事もできなくなります。その後二日間位ウトウトと眠りに入ります。睡眠をとった後は食事もとれるようになります。しかし、またしゃべり始めるという風に繰り返します。スタッフは夜中もおしゃべりに付き合っているのですが、山形弁で楽しそうに話しているSさんは感性がとても豊かで皆に愛されています。五月に菖蒲苑で一緒に歩きながら「紫の花だべ、きれいだ、きれいだ」を立ち止まっては頭を振りながら花をめでるSさんの姿に私は感動し、ゆっくりと時間をかけて菖蒲の花を楽しみました。

山形の素朴な町とは対照的に大都会からきたAさんはいつもおしゃれで身なりを気にしています。自由が丘で生活をしていた時の習慣は、食事の好みにもでてきます。皆でおすしを食べに行こうということになった時に「おすしは自由が丘でなければね」と返された時の顔は誇らしげでした。「近くのすしやの人に、あなたのところのすしはまずいわ」と言ってやるのよと言われた時にこれまで頑張って主婦をやり続けてこられた姿が重なりました。お花、お琴、お茶をたしなみ、その腕は相当のものだったと娘さんは語られます。グループホームでお茶をたてて皆に飲んでもらった時、Aさんのしゃきっとした姿には、痴呆性のお年寄りの姿はありませんでした。家庭の中で大変な世話やきだったこともグループホームでの生活をみればすぐわかります。食事が終るとすぐ食器の片づけ、朝起きると玄関の掃除が始まります。お客がくるとお茶を出されます。少し気楽に生活できるようにスタッフは気配りをしています。

Ａさんと同じように台所仕事が大好きだったＫさんは、残念ながら家族の都合で特別養護老人ホームへ移られました。Ｋさんは、独身で自分の弟と姪と一緒に暮らしていました。Ｋさんの妹も痴呆で亡くなりました。姪は、叔母の面倒を一生懸命みていました。若いのに家族の会に入り年上の介護者の方々と交流していました。Ｋさんは人間嫌い病院嫌いでしたが、人形が大好きで機嫌が悪くても人形を抱けば機嫌が良くなりました。病院嫌いなために、公的サービスが受けられずに家庭介護でいらした方でした。最初は、髪もとかしてない、お風呂も入っていない彼女とどう心の交流をしていくかスタッフも苦労しましたが、自分にとっていい人達だとわかるとよく話をするようになり、体にも触れるようになりました。人嫌いではなく、自分にとって大切な人に出会わなかったのでしょう。スタッフを一人じめしたくなる態度がみられるようになりました。他の入居者と話しているスタッフに、嫉妬のあまりたたいたりして暴力が出てきましたが、「可愛さあまって憎さ百倍」だと思い彼女を受け入れました。グループホームでは無理でしょうと病院で言われたＫさんが落着いて楽しそうに生活をしていた姿を思い出します。老人ホームへ移られたのは残念でしたが家族にはいろいろな事情があるのでやむ得ないと諦めました。

女性は世話好きの方が多いので、世話を焼き過ぎてトラブルになります。旅行に行った時、同室だったUさんには朝から説教されました。「そんなに寝てては仕事が終らないでしょ。ニワトリが鳴く前に起きなさい。いい若い者がいつまで寝てるのですか」と、布団の上に座って怒られたのを思い出します。

一方、何もできずに受身の人がいます。「たのし家」入居者第一号のOさんは、名古屋から娘のところにこられた方です。夫に大切にされた人で、他人に甘えるのが上手だと娘さんは話されました。「陽だまりの家」のデイサービスを利用され始めた頃は、夫の位牌と着物を持参されよく泣いていましたが、今ではすっかり新しい家族になじんでおだやかに暮らしています。娘さんの話のとおりに、人に愛され上手なのかもしれません。彼女の笑顔と、踊っている時の姿に皆が魅せられています。

男性入居者は、三人でしたが今では一人になってしまいました。一人は亡くなり、一人は入院しました。亡くなられたTさんは、痴呆になる前と後ではまるで別人のようです。ワンマンで暴力的だった父親をふり返えり、介護していた娘は「痴呆にならなければ、父親は誰にも愛されなかったでしょう」と語られました。恐くて近づけなかったといいます。私達が出会ったTさんは、規則正しい生活をする楽しい方でした。一番手のかからない入居者でした。入院されても「私を早くたのし家に帰して下さい」とがんばり続けていました。娘さんが車椅子で病院の周りを散歩すると「気を使わせて悪いね、同じ所をグルグルと廻らせて」と言われ、「いろいろとわかっていたのですね。父は痴呆になって幸せだったのかもしれません。そして周囲の私達も」とおっしゃった言葉が忘れられません。

「たのし家」「うれし家」に入居されている方そして去られた方達は、それぞれ個性を発揮し、自分らしい生活スタイルを作っています。

3 スタッフを紹介します

スタッフの募集をみて面接にくる人が増えました。「陽だまりの家」をスタートした頃は、スタッフがなかなか集まらずに苦労しました。それを考えると、選べるという環境になりありがたいと思う反面、せっかくグループホームで働きたいと思って訪ねてくる人に申し訳ない気持ちで面接をしています。「うれし家」ができることになってスタッフを増員することになりました。面接会場は「たのし家」の一室です。床に座ってする面接は、グループホーム、しかも普通の家ならではの風景です。

その日も面接を五人行うために「たのし家」へ行きました。車中から女性が立っている姿がみえました。ちょっと表情をみただけでしたがなぜか心に残り、一緒に面接に立会うスタッフに「今日は期待できるわよ。何だかいい出会いがあるような気がする」と言いました。その時に採用したスタッフがAさんです。おとなしそうな彼女は、面白いキャラクターをしています。八人乗りの大きな車も「少々、ぶつけますが、なんとかなります」と言いながらお年寄りを乗せてドライブに行くのです。小さな体の彼女の運転に不安な気持で乗りましたが、運転の腕前はたいしたものでした。車の運転だけではなく、お年寄りの接し方も静かで気持ちが伝わるような話し方、接し方をします。不安そうな人は全身で抱きしめ声をかけています。彼女自身が不安な日々を送っていたことがあったために、伝わるものがあるのでしょう。大きな施設で働いていた時、心痛のあまりどんどん痩せていきました。「たのし家」にきてからは明るく元気でふとり始めました。

スタッフは、食事がおいしいといって皆ふとっていきます。Bさんは、「ふとるんですよー」と言いながらおいしそうにお年寄りの方達と食事をします。彼女の面接時の印象は声が澄んでいてきれいでした。大きな施設、飲食店などさまざまな職業についていていただけあって、人をみる目と判断力があります。それに嫌がらずに何にでも挑戦します。彼女の司会は、きれいな声と人を暖かく包む姿勢で好評です。「実家の親は早く結婚しろと言っていたのですがあきらめたようです〜」とサラッと言い放します。グループホームが大好きで、当宿明けも家に帰らないで日当りのいい縁側で長くなって寝ているのをみた時、なんといい光景だろうと思ってしばらく眺めていました。

スタッフの中で一番年長は、Cさんです。六十歳を越えて今までの人生で一番忙しいのではないかと思われます。これまでボランティアで配食サービスの代表を十年続けている実績は、人をまとめるのに大いに役立っています。入居者とスタッフ、ボランティア、地域の人達とのバランスを上手にまわしてくれるので安心して現場をまかせられます。子供達が独立し、夫を一昨年前に亡くしたCさんは、「我が家の猫が世界一可愛いい」と言いながら二匹の猫と暮らしていますが、グループホーム「たのし家」と「うれし家」を施設長としてまとめた力量は、人生経験を生かした集大成でしょう。周囲からどんどん痩せているのは、こき使っているからではないかと言われるのが心苦しいです。早く引退したい、と口癖のように言っていますが、まだ役目があると本人も思っている間は、退けないと安心しています。

安心というと「たのし家」「うれし家」に看護婦が一人ずついるのはスタッフ、家族にとって大きいです。医療的な働きはしませんが、薬のことや、体調を崩した時に、的確にコーディネイトしてくれるのは助かっています。それまで、体調を崩されたり、出血があったりすると夜中に私の家に電話が入りました。救急車の手配や病院への連絡で安眠できないこともありました。たいしたことがない時も不安で私の家の電話がなりましたが、スタッフも慣れたことと看護婦の存在でほとんど相談がなくなりました。落着いたグループホームになってきました。スタッフの努力が実を結んできたのです。男性スタッフは一人になり、相棒が欲しいと言われていますが、もう少し先に延ばしてもらっています。

4 家族のみなさんです

私は高校三年まで鹿児島県で暮らしました。実家はタクシー会社を経営していましたので、たくさんの他人と一緒に暮らしていました。同居していたお手伝いさんはお姉さんのような存在で、会社と隣接していた運転手さんの寮の人達はお兄さんでした。自宅の一階の一部が事務所でしたのでいろいろなお客が入れ代り立ち代りにくるので、いろいろな大人の顔をみて育ちました。事務のお姉さん達は、学校の宿題を手伝ってくれるし、仕事で営業にくる人はおかしを持参するため私の目にはいい人達だと映っていました。皆が家族のように暮らしていました。家族だけではないその他の関係が、家族のなかに入りこんで、それが家族のもっとも生き生きとした部分を作り出していました。

家族というものはどういうものだろうと最近考えるようになったのは、デイサービスやグループホームの家族に出会い、同じ方向を向いて歩き始めたからです。同じ方向を向いて歩いている時は、それは家族だと思います。

月一回開いている「家族の会」で話が出ますが、親の介護をきっかけに兄弟が仲たがいして口もきかなくなると言います。出会った他人と同じ悩みでつながり始めると心が通い始めます。自分が自分をよくみることはできませんが、他人の方が自分のことをより知り理解してくれます。

人間は他の動物と違って生まれた時に自分一人で立ち上がって生きていけませんので、家族というものを作り生きています。家族をめぐる社会状況が大きく変化し、家族が変ったように思えます。さまざまな家族を支える機能が今日弱体化しているために、血縁関係を越えたつながりが必要だと思います。

痴呆の人が自分の家族に存在したことで、他人と家族のような関係を作り始めた方々もこんな過程があります。Aさんは養女であることを知らずに育ち「どうして自分の母親はちゃんと向かいあってくれないだろう」と疑問に思ったそうです。痴呆になった母を関西から呼び寄せて介護が始まった時も、お互いの遠慮が気持ちを引き離してストレスの原因になったと言われます。母親に対する複雑な気持が介護という形で一気に噴き出してきました。心の葛藤でズタズタになったAさんは他人の介護で母親を少しずつ冷静にみられるようになりました。

一方、苦労して育てられたBさんは、母親への愛情が強く、九二歳の母親に幸せになってもらおうと努力しています。自らが不治の病に冒されながら母親にとってどこが安住の場かさがし求め、グループホームに出会いました。自分の病いと戦いながら母親の長生きを願い、家族の会でも積極的に意見を言う姿にきずなの強さを感じます。

同じように自分の病いを我慢して長い間介護されてきたCさんは、夫の徘徊に体力の限界がきました。「うれし家」に入居した夫は、どうしても妻のいる家に毎日徘徊します。機嫌よく徘徊してもらうには、制止することをしないで皆で見守るしかありません。Cさんとグループホームの挑戦でした。グループホームに入居する前の夫は、Cさんに暴力をふるっていました、が入居後の精神状態は落着き「お母さんのところへ」と言って自宅へ帰っていました。それまで妻にやさしい言葉や態度もなかったのに最近は、どこにいるのか心配でさがすようになり妻も驚いていました。しかし毎日の徘徊に落着くまもない妻の体力の限界で、病院に入院することになってしまいました。

痴呆の人にとっては家族が見知らぬ人になってしまいます。一方、スタッフが子供や孫になったりし、身近な家族が自分の知っている人になるのです。家族の人達は介護を通して知り合い、一緒に悩んだり楽しんだりして人生を何倍も大きな袋にしているようです。

5 協力して下さる人達です

「グループホームは、建物があって、スタッフがいて入居者がいるだけのものではないですよね」と家族から声が出ました。デイサービスからグループホームまでの経過を見続け協力してきた家族の人達は、さまざまな人達が関わってこそいいグループホームが成り立つことを知っています。

これまで家を提供してくれた人、お金を貸してくれた人などグループホームの運営に直接関わってくれた人達がいます。その他に、地域の人達の協力はとても大きなものです。「たのし家」をオープンする前に、バザーをやり地域の方々に披露しました。一〇〇人以上の人がつめかけ、バザーをきっかけにボランティアで協力してくれるようになりました。ある日、老夫妻で傘を何本かもって「杖代りでも使って下さい」と名前も言わずに立ち去られました。野菜がとれたのでおすそ分けですともってきて下さる人もいます。直接的な協力ではありませんが、「たのし家」の真向いの小学校の子供達は元気な声で入居者の人達に元気を与えてくれます。

お年寄りの人達は子供や若い人が大好きです。高校生や大学生のボランティアがくると活気にあふれ若々しい雰囲気につつまれます。その中でしっかり協力してくれる姉弟のボランティアがいます。弟はクリスマスにサンタクロースになったり、姉は「たのし家」のオープニングパーティでオルガンを弾いたりして、二人の活躍は私達にとっていざという時に助っ人になりうれしいことです。新聞に載った時の二人の話です。弟は「立派な理由でボランティアを始めたわけじゃないので…。まあ、姉が大学生の時からボランティアをしていて、その影響かな」「お年寄りと話すのが面白いし、スタッフも個性的で楽しい。嫌だと思ったことはない。ボランティアをしているというより、遊びにきてる感じです」といい、姉は「友達と遊びに行くのが楽しいと同じように、ボランティアに行くのも楽しいです。私達姉弟は世のため人のため、なんて雰囲気ではないですね」と語っています。人手が足りない時に気持よくきてくれたり、野菜を届けてくれたり、私達にとってはとても大きい協力者であり家族です。

「うれし家」も同じようにオープンの時はバザーを行いました。「たのし家」以上に近隣の人達が大きな物から小さな物までカンパして下さり、家財道具はいっさい購入せずに生活できています。魚や野菜のカンパもあり交流を楽しんでいます。

生活介護ネットワークや「陽だまりの家」「たのし家」「うれし家」を支えてくれる影の力は、生活介護ネットワークの会員です。それぞれの家の住宅改造にかなりのお金がかかりました。その度、会員に「支える会」のカンパをお願いしたところ全国からこれまでに三〇〇万円も集まっています。会員の年会費は三〇〇〇円ですが、賛助会員として一万円の入会が年々増えているのも私達の主旨を理解し協力して下さる大きな力です。

個人、企業、病院など、協力会員も幅広くなってきました。グループホームはさまざまな関わりがあってこそ普通の暮らしが作っていけますが、その中で病院との連携はかかせません。グループホームをよく理解し心よく引き受けて下さる医療機関は数カ所あり、私達は心強く思っています。

また、グループホームの赤字を埋めるために一年に数回のイベントを催すのですが、出演して下さる有名人の方々も、チャリティーということでボランティアで参加して下さいます。また、チケットを販売する時に、同じような運動をしているＮＰＯの仲間達の協力も大きな力となっています。見慣れた地域で、住み慣れた住まいでいろいろな方々の協力を得ながらいいグループホームが作られていくことを実感しています。

6 グループホームは小さな社会、あたりまえの暮らしです

小さな頃、近所の友達の家に遊びに行くとおじいちゃん、おばあちゃんと子供と親で七～八人の家族はたくさんありました。おじいちゃんがパイプでたばこを吸っているのをみたり、おばあちゃんが雑巾を縫っているのをみて遊びました。私の家族はもっと大家族でしたが、何の抵抗もなくそれぞれの役割をもって暮らしました。大家族に、迷いネコやイヌも仲間に入って一つの小さな社会がありました。困った人が家を訪ずれると、母はごはんを出して丁寧にもてなしました。裕福ではなかったのに、あるものを分けあって生活することの基本をみたような気がします。お互い様という関係を、この頃母から教えられました。ですから地域の中で助け合い支え合って生活することは、あたりまえの暮らしだと思っていました。子供達と一緒に小さな社会を作った「風の子文庫」や「風の子ぶんこう」も自然に作りました。

お年寄りが増えると当然寝たきりや痴呆の人が増えます。昔は、地域の中に痴呆の人は少なかったので、神様からの贈り物として大切にしましたが、寿命が延びて痴呆の人が増えると管理し始めました。規則に合わすことができない痴呆の人達が、大きな施設で孤独になっていることをたくさんみてきました。もちろん大きな施設が合う人もいます。しかし、住み慣れたところで、安心して暮らすことが、痴呆の人にとってストレスをかけないことだと思います。痴呆のお年寄りの介護をする家族も、ストレスで精神的、肉体的限界にあります。こんな背景から、他人と家族のような関係の中で暮らしていく「グループホーム」が生まれたのです。

家族でしかできない愛情を保つためには、介護は他人にゆだね、家族は精神的余裕をもって痴呆の人に接することが皆の幸せにつながります。他人である六人の入居者とスタッフで疑似家族を作って住む小さな社会は、あたりまえの普通の暮らしが可能です。家族の人達も気軽に遊びにきたり、家族と一緒にレストランへお出かけしたり、病院へ診察へ行ったりしたりします。家族の人は、お料理を手伝ったり、表札を作ったりして痴呆の人とほどよい距離をもっています。

痴呆の人にとってグループホームが我が家になってきました。遊びにくる家族を心よくひき受けもてなしています。入居者にとって、グループホームが我が家であれば、お客のもてなしをするのはあたり前だと思いお茶を入れたりして働きます。グループホームが小さな社会となり、あたりまえの暮らしが始まりました。

7 グループホームではお年寄りの笑顔と言葉に救われます

自分で開発した介護用品の説明で全国をまわっていた頃、施設や病院で出会う痴呆の人達は一人で壁に向けてしゃべったり、たたいたりしていて笑顔のある人には会いませんでした。ある老人保健施設で、痴呆の女性が立ったら転んで危ないという理由で車イスのまま柱にくくられていました。近づくと、縄をとってくれと私の手をにぎって離さず、懇願されていた姿が今でも忘れられません。痴呆になったら終りのように世間が考えていた頃、秋田や栃木のグループホームで笑顔のすてきな痴呆の人達に会って忘れられなくなりました。自分達でデイサービスやグループホームを始めてみると、身も心も痴呆の人に近づくことが大切だとわかりました。介護する人、される人ではなく、一緒に時間を共有し、その人らしさを出せる場を作っていくことが大切だと思いました。

エリートサラリーマンだったSさんは、自分を解放することをしないで働いてきました。退職後、痴呆になり妻は有名な病院を訪ねては挫折していました。「陽だまりの家」を利用するようになり慣れてくると、口を開いてよく笑うようになりました。それまで妻に感謝の意を表わさないで生きてきてしまった彼は、痴呆になったことで素直に「ありがとう」とか「好きです」とかはじめて言えました。妻は「痴呆になる前に言って欲しかったです」と笑っていました。お二人の笑顔をみて救われた気がしました。

入居者の人達は感情が豊かですので、喜びや怒りを素直にあらわされます。怒っても機嫌が直ったらすぐに忘れてしまいますが、相性の悪い人達は忘れてもまたけんかが始まってしまいます。しかしよく聞くと、けんかの内容はとてもほほえましい楽しいことが多いのです。しかし本人にとっては真剣そのものです。

Mさんは痴呆が軽く元教師だったこともあり人の話や行動がよく理解できます。気が合う人の面倒をみるのですが説教が嫌で逃げる人もいます。説教されている本人は、何だか理解はできなくニコニコしている場合もあり、それがMさんの機嫌をそこねる原因になります。ニコニコしながら突拍子もない話を私達は楽しみます。突然、窓の外を見て雲が動いていく様をみながら「どこへ行くのだろうか」と言ったことに対して「風に聞かなきゃわからないよ」と答えた人がいました。機嫌の悪かった

Mさんも外を見ながらニコニコし始めました。お年寄りのとっさの判断なのか自然なのかその感性に驚きました。

また、ある時、お茶の時間になり茶わんにお湯が入ったらずっと眺めてにっこりしながら「海だ！魚が泳いでいる」と言われました。ゆれている水に、思いが広がったのでしょう。

皆さん、それぞれに過去の人生の楽しかったことを思い出し、突然、言葉や行動に出ます。その時、あわてずゆっくりと一緒に楽しめる雰囲気がとても素晴しく、小さな家族の長所です。疲れている時、グループホームに行くと、肩のこりもとれなぜか幸せな気分に浸れるのは、お年寄りの笑顔と素直な言葉に接しているからでしょう。

第二章

グループホームをめぐる現在

Ⅰ　グループホームとは

痴呆症のお年寄りに対する世間の偏見は根強く、家にこもって介護をしている家族も、まだ多いのが実情です。しかし、痴呆であることは、恥ずかしいことでも恐ろしいことでもありません。長い間生きていれば、病気になるのもあたりまえ。それがたまたま痴呆という状態になっただけのことです。「汚い」とか「何もわからなくなっている」といった、間違いだらけの痴呆性老人のイメージを変えて、どんな人でも普通に生きられる社会をつくっていかなければ、とても息苦しい社会になってしまうと思います。痴呆が「治る」わけではありませんが、痴呆ではあっても穏やかに暮らすことができるのです。

「ゆっくり」「楽しく」「いっしょに」という介護の哲学を基本に、グループホームは息づいています。

1

Q 「グループホーム」は、どのようにして生まれたのでしょうか

A 痴呆性老人の生活を大事に考えたら「グループホーム」に出会いました

(1) 前に述べた「痴呆性老人の介護状況調査」から「グループホーム」の必要性を強く感じたのです。調査で明らかになったことは次のとおりです。

①医学的診断・説明、助言の不備・不足
②在宅介護支援サービスは未成熟
③情報、窓口、コーディネイトの問題
④施設（医療機関、老人保健施設、特別養護老人ホーム）の限界
⑤家族、社会も越えなければならない問題

特に、説明や診断についての不満が続出しました。痴呆とは何かについて、また、その対応について、医療者でも認識はまだまだのようです。高齢者に対する、特に痴呆性老人に対する「無価値」を露骨に口に出す医療者もいるのです。「もう年なんだからボケてあたりまえ」と言われた人もいます。

（2）「グループホームに関する要望書」を県に提案しました。

①住み慣れた地域で、家庭的な雰囲気でくつろげること
②普通の、感じのいい家屋で、生活できること
③本人の自尊心を大切にして、昔の記憶を呼び覚ますきっかけがつくられること
④落ち着いて生活ができ、個別のケアができること
⑤本人の得意分野や機能がいかせること
⑥本人の持っている能力を引き出し、生活やリハビリがしやすいこと
⑦職員一人ひとりの権限も大きく、やりがいも大きいこと

痴呆性老人が、ぼけても「自分らしく生きられる」ためには、小規模な共同生活の場「グループホーム」が必要であることを訴えました。

（3）「グループホーム」はこんなことが大切です。

痴呆の差に関係なく、住み慣れたところで、なじみの顔があり、自分の能力を発揮しながら、暮らし続けることが「グループホーム」の大きな目的です。そして、たとえ他人との共同生活でも、本人にとっては家の暮らし＝疑似家族生活になるのです。

①住み慣れたところで

本人が生活している地域の中にあることが大切です。地域に密着していることによりお年寄りは安

心を覚えるのです。

『私自信、五〇名とか一〇〇名規模のお年寄りの施設にいました。その広さですと、どうしても老人ホームは町の中ではなくて、いわば人里離れたところをあえて選んで作っているかのような印象をもたれる施設になります。これに対して入所なさっているお年寄りからは、実をいうとほぼ全員といっていいほどたくさんの方が、出雲の言葉で「じげに帰りたい」―「住み慣れたところに帰りたい」とおっしゃっていたわけです。「こんなところなんか、私はくるつもりもなかった」とおっしゃるのです。そこで、ぜひ住み慣れた地域に作りたいということがありました』

［ことぶき園（島根県出雲市）槻谷和夫さん］

②馴染みの人間関係・家庭的な環境で

痴呆性老人のような弱い状態におかれた人にとって、顔なじみで信頼のおける人たちがそばにいることが大事なのです。本人、家族、スタッフの間に気持ちのよい家族関係＝疑似家族ができあがり、信頼関係につつまれることです。

このようにしてできあがった疑似家族の関係は、精神的肉体的限界の中にある介護家族のストレスをも和らげ、ひいては痴呆性老人の気持を和らげることにもなるのです。

③役割や出番を

昔とった杵柄というのでしょうか。家族の名前は忘れても、いまの季節がわからなくても、言葉が出なくても、身で覚えた得意なことは忘れないようです。お米をといでもらったり、洗濯物を干してもらったり、たたんでもらったり、出番は多いのです。

『うちも台所仕事をやってもらっています。確かに、やってもらっていますけれど、必ずそのままごみ箱へいくのが普通ですし、ですから一つひとつお話しないといかんということです。最初、いまはやりの色のついた柄物の割烹着を、この方に着せて、台所をしませんかといったところ、全然反応がなかったんですけれども、白い割烹着を着るとシャキッとされまして、自分から進んでされるようになりました』

〔槻谷和夫さん〕

④一人ひとりに応じた介護を

痴呆性老人一人に対し、スタッフ一人がつき、その人に応じた生活をすることでしょう。

生活の中で、本人が好きなことを好きなように過してもらうことが基本です。生活のリズムを大切にしながらも、気ままを許容する新しい暮らしがくりひろげられるのです。

『家では徘徊が大変だといっておられますけれども「ことぶき園」では徘徊をしてもらっているわけです。この方となかよし三人組がおられますけれど、昼休み、「ちょっと出てきます」と言って出かけられます。十分後くらいに必ず帰ってこられます。それは徘徊だとあえていわなくてもいいと思って、散歩だと思っています。ただ、男性の中で一人毎日ほんとに徘徊される方もいらっしゃいますけれど、自由に外出してもらっています。』

〔槻谷和夫さん〕

徘徊も理由のある「お散歩」と受け止めれば落ち着いて暮らせるのです。痴呆性老人のゆったりしたペースにあわせ生活することにより、ともすればバタバタと仕事しがちなスタッフも、ゆっくり流れる時間に身をおく幸せを味うことになるのです。

⑤一人になる空間も

痴呆性老人にとっても、ぼけようが何しようが、人間は一人になりたい時間、一人になりたい時というのはあるのです。そしてスタッフからみて「この人は少しいまコンディションが悪いから他の人と一緒にしないほうが、他の人に迷惑がかからない。本人のプライドも傷つかずにすむ。だから一人にしたほうがいいな」と思うことがあります。

ぼけても「人間として自分らしく暮らせる」ことをいつも考えていなければなりません。

2

Q 痴呆老人は増え続けるのでしょうか

A 二十一世紀初めには、一四〇万人を超えるといわれています

厚生省の推計（**表1**）では、一九九三年に一〇〇万人だった痴呆性老人は、二〇〇〇年には一四〇万人になり、二〇二五年には二七〇万人に達するようです。

人口の高齢化（**表2**）とともに痴呆性老人が急増し、一方では家庭においての介護力が低下することから、痴呆性老人対策が二十一世紀の最大の課題になっています。

表１　寝たきり・痴呆性・虚弱高齢者の将来推計

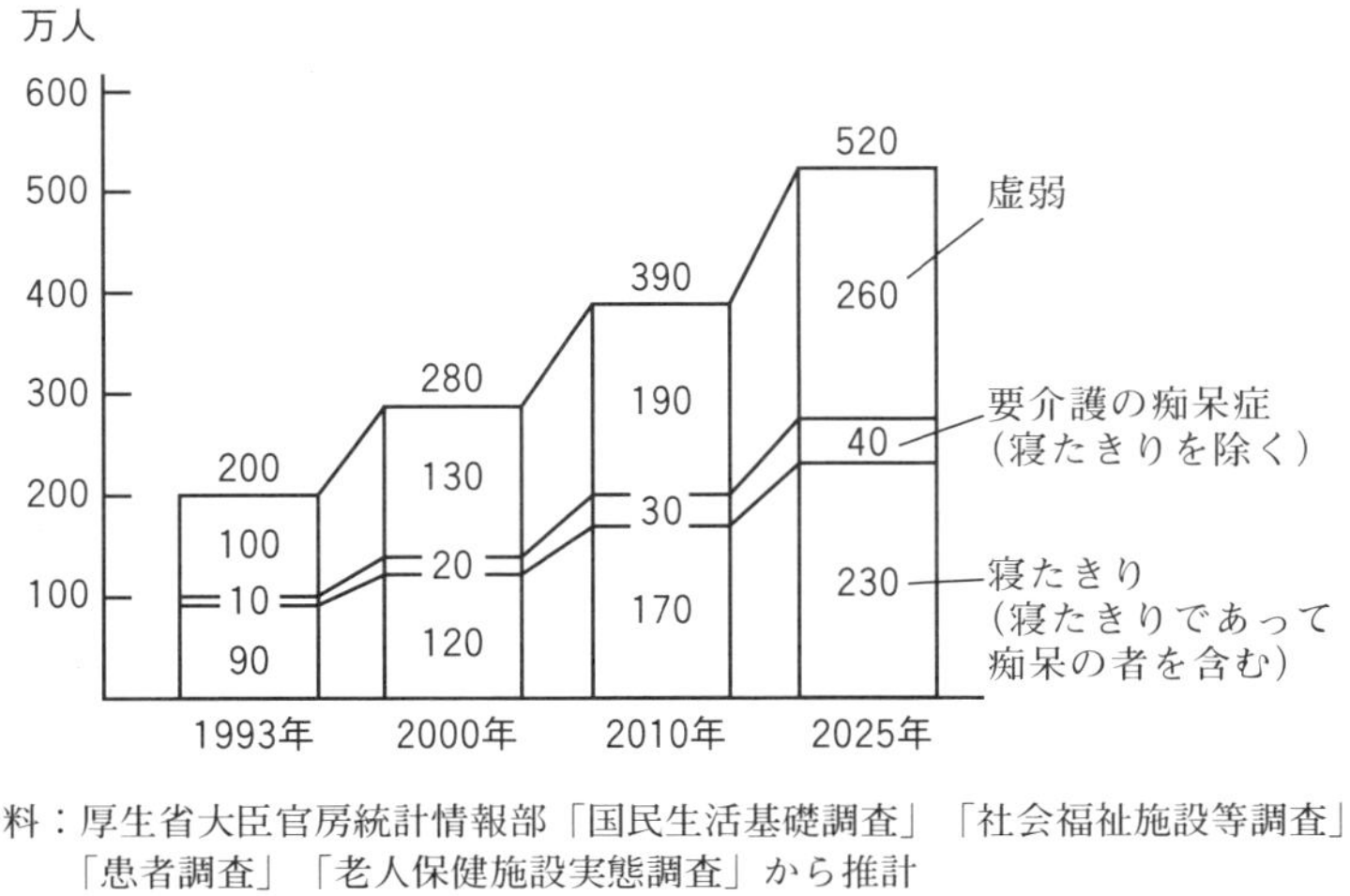

資料：厚生省大臣官房統計情報部「国民生活基礎調査」「社会福祉施設等調査」「患者調査」「老人保健施設実態調査」から推計

（「厚生白書」平成８年版　117頁）

表２　年齢（３区分）別人口の推移と将来推計：1920〜2050年

年次	人口（1,000人）				65歳以上人口割合（%）
	総数	0〜14歳	15〜64歳	65歳以上	
1920	55,963	20,416	32,605	2,941	5.26
1930	64,450	23,579	37,807	3,064	4.75
1940	71,933	26,383	42,096	3,454	4.80
1947	78,101	27,573	46,783	3,745	4.79
1950	83,200	29,428	49,658	4,109	4.94
1955	89,276	29,798	54,729	4,747	5.32
1960	93,419	28,067	60,002	5,350	5.73
1965	98,275	25,166	66,928	6,181	6.29
1970	103,720	24,823	71,566	7,331	7.07
1975	111,940	27,221	75,807	8,865	7.92
1980	117.060	27.507	78,835	10,647	9.10
1985	121,049	26,033	82,506	12,468	10.30
1990	123,611	22,486	85,904	14,895	12.05
1995	125.570	20,014	87,165	18,261	14.54
1996	125,864	19,686	87,161	19,017	15.11
1997	126,166	19,366	87,042	19,758	15.66
2000	126,892	18,602	86,419	21,870	17.24
2005	127,684	18,235	84,443	25,006	19.58
2010	127,623	18,310	81,187	28,126	22.04
2015	126,444	17,939	76,622	31,883	25.22
2020	124,133	16,993	73,805	33,335	26,85
2025	120.913	15,821	71,976	33,116	27,39
2030	117,149	14,882	69,500	32,768	27,97
2035	113,114	14,347	65,981	32,787	28.99
2040	108,964	14,062	61,176	33,726	30.95
2045	104,758	13,712	57,549	33,497	31.98
2050	100,496	13,139	54,904	32,454	32.29

注）1947〜70年は、沖縄県を含まない。
資料：総務庁統計局『国勢調査』および国立社会保障・人口問題研究所推計（平成９年１月）

3

Q 痴呆症とは一つの病気なのでしょうか

A 痴呆症は「症状」なのです。痴呆症を一つの病気と考えるのは誤りです。「痴呆」は病気の名前ではありません。脳の広い範囲が傷つけられたため精神的な能力が全体的に損われ、その結果あらわれた症状です。その症状は一人ひとり全く違います。

ではその「症状」をあらわすもとの病気をみてみましょう。

痴呆症状を示す病気は、五十種類ぐらいあります。主なものは、アルツハイマー型痴呆症、脳血管性痴呆症、その他（貧血、パーキンソン病、脳腫瘍、脳の感染症）などの病気です。

（1） アルツハイマー型痴呆症

痴呆の症状を示しているお年寄りの約六〇％はアルツハイマー型痴呆とみてよいでしょう。これは、脳の神経細胞が異常な老化により失われることから起こるのです。

(イ)生理的老化

神経細胞は、ネットワークを作ることで記憶し、学習、発達します。記憶は神経細胞の間で一つのネットワークを形作ることでできあがります。脳は成長発達すると同時に老化し、死滅していきます。現象的には、生理的物質以外のものが神経細胞に溜まっていくことで、機能を担っていたものがなくなり、ネットワークの一部がだめになってしまうのです。こういうことが二〇歳頃から日に日に起こって、脳の重量は、七〇歳頃までに一三〇〇グラムが一二〇〇グラムに減ってしまいます。これを脳の萎縮といい、通常の老化でも生じます。結果として記憶が落ちるのです。

(ロ)病的老化

アミロイドという異常は蛋白がたくさん脳内に貯まりだして神経細胞の死を早めます。このために起こってくる働きの低下をアルツハイマー型痴呆症とよぶのです。異常な神経細胞の老化の究極の形がアルツハイマー型痴呆といえましょう。この症状は、慢性進行性の道をたどります。

〈進行の過程〉

○第一期　健忘期（海馬期）

忘れていることを忘れている、そして、人間特有の判断能力である自己洞察力が落ちてきます。

○第二期　見当識障害

日時、場所、目的、計算などがわからなくなってきます。迷子になったり、今入ってきた所をまたうろうろしたり、バスには乗れますが先まで乗り越したりなどの見当識が落ちてきます。

○第三期

洋服の上着と下着の区別がつかなくなったり、今までにしていた調理ができなくなったり、火をつけっぱなしにするとか、細かな動作を含めて障害が明らかになってきます。人の顔、関係もわからなくなり、介助が必要となります。

○第四期

姿勢を維持したり、言葉をスムースに発する部分の神経が冒され、歩行障害、尿失禁、言語障害が起こってきます。非常に重症になり、全面介助が必要になります。

それぞれの期間が二から三年で、発病から八から十二年で寝たきりに至るのです。何歳で発病しても、この過程は経ていきます。

（2）脳血管性痴呆

全体の痴呆症の三〇％が脳卒中による痴呆です。運動機能を司どっているところが損われると手足のマヒを起こし、精神活動を司どっているところに脳血栓や出血が起こると失語症や痴呆になります。小さい梗塞がたくさんできてくると大きな梗塞と同じように痴呆になります。

（3）病気による痴呆

残りの一〇％は痴呆症をひき起こすいろいろな病気がひしめきあっています。原因になる病気には、貧血、パーキンソン病、硬膜下血栓、脳腫瘍、さまざまな脳の感染症（ヘルペス、インフルエンザ、エイズなど）、水銀や鉛などの金属による中毒、アルコール、薬などがあります。

表3　痴呆症状

	症　　状	本人の認識	危険因子
アルツハイマー型痴呆症 60%	・単純な物忘れから悪性の健忘へ ・忘れることを忘れる ・総合的な判断力の低下 ・むき出しの感情	・自分の異常行動や精神症状を認識できない	・頭部外傷の既往 ・遺伝傾向 ・社会的ひきこもり
脳血管性痴呆 30%	・手足のしびれ、めまい、吐き気、嘔吐、マヒ、夜間せん妄、不穏、感情失禁 ・知能の低下は全体的でなく一部は保たれる	・自分の障害を認識でき、実際以上に悪く受けとめる	・高血圧、糖尿病、高コレステロール血症、虚血性心疾患
病気による痴呆　10%			

〈痴呆の予防〉

痴呆症の大部分はアルツハイマーといえるでしょう。今後増えつづけると思われるのは、このアルツハイマー型です。

高血圧や糖尿病の治療をし、その生活習慣をうまくコントロールすることによって、アルツハイマーではない脳血管性痴呆症の発病は予防することができます。

脳卒中を減らすということが、そのまま脳血管痴呆症を減らすことにつながります。発病を遅らせるということは可能です。いったん発病しても、進行を予防するためには、血流をよくする薬や脳機能を賦活する治療が可能です。

しかし、アルツハイマーは、薬やリハビリ等の治療で治るものではありません。

痴呆症状をひとつの病気だと考えてしまい、アルツハイマー型痴呆症も脳血管性痴呆症もその他の痴呆症も、十把ひとからげに考えて治療しようとするのは誤りです。

老化にともなう痴呆症に対しては、その人たちの生活に対する援助、安心できる生活のための援助が重要な柱なのです。痴呆症の高齢者の動きを二四時間じっとみて、解決法を焦らないことです。暴力も焦らずに、じっくりみていることが大切なことといえるのです。

【せん妄】

最後に「痴呆」とよく似た症状を示す「せん妄」との相違をみておかなければいけません。

せん妄は、体の病気や薬の副作用など、さまざまな原因で起こる急性脳症状です。当然、脳の病気でも起こります。脳の働きが損われているので痴呆と同じ症状があらわれますが、神経細胞は死んでいないので原因をとりのぞいたり、治療すればもとの状態に回復します。

その症状は痴呆と共通していますので、痴呆と混同されますが、適切な治療で改善できるという大きなちがいがあるのです。

（「痴呆症とせん妄」については「浴風会病院精神科医長」須貝佑一先生の御指導によります）

痴呆性老人の症状をしっかりみすえることにより、「医学的病気」としてではない視点でとらえることの重要性が浮びあがってきたといえましょう。

4

Q 痴呆性老人への国の福祉は、どんな歩みをたどってきたのでしょうか

A 「在宅で、この地域で暮らしたい」「親に対し憎しみを感じたことがある」という痴呆性老人・介護者の声を吸いあげた『新ゴールドプラン』（一九九四年）の中に「グループホーム」は、国の施策として初めてとり上げられました。

二一世紀に向けての高齢者介護基盤づくりは、一九九〇年「ゴールドプラン」を起点に、一九九四年の「新ゴールドプラン（新高齢者保健福祉推進十か年戦略）」の見直しを経て、最終整備の年・一九九九年に至りました。（次頁参照）

この経過の中で痴呆性老人への在宅福祉政策の歩みをみてみましょう。

（1）一九九二年、デイサービス事業の中に、痴呆性老人が毎日通所可能なデイサービスセンター（E型）が創設されました。

（2）一九九二年、保健事業第三次計画として老人訪問看護制度が整備され、痴呆性老人（精神症状を呈する者または行動異常がある者を除く）に対する訪問指導が新たに認められました。

そして

〔老人保健福祉政策の経緯〕

	（高齢化率）
1960年代（老人医療、福祉制度の基盤づくり）	5.7％（1960）
○昭和36年　国民皆保険の実施	
○昭和38年　老人福祉法の制定	
1970年代（老人医療費の増加）	7.1％（1970）
○昭和48年　老人医療費の無料化（老人福祉法改正）	
1980年代（老人保健制度の創設）	9.1％（1980）
○昭和57年　老人保健法の制定（拠出金制度、一部負担の導入）	
○昭和61年　老人保健法の改正（老人保健施設の創設）	12.0％（1990）
1990年代（21世紀に向けて高齢者介護基盤づくり）	14.5％（1995）

（「厚生白書」平成８年度　116頁）

（3）一九九四年、「新ゴールドプラン」の中に、サービス基盤の整備として「グループホーム」の実施が提言されました。（表４）

痴呆性老人は、初めて厚生省により、理学療法リハビリとしてではない視点でとらえられたのです。地域において、安心して生活できる新しいタイプのサービスとしてスタートしたことになります。

（4）一九九七年介護保険法の成立により、在宅サービスの一つ「痴呆性老人グループホーム」として位置づけられ、本格的に制度化されました。

（5）一九九九年十一月　厚生省により、悪質業者の参入を防ぐためグループホームの立地条件、ホームの規模などの規制が強化されました。

（6）二〇〇〇年一月　厚生省は来年度から民家を改造して開く場合にも初年度に設備費として五〇〇万円を補助することを決定しました。民家改造型のグループホームを運営することが多い市民グループを支援するものです。

表4　「高齢者保健福祉推進十か年戦略」の見直し―新ゴールドプランの概略―

1．整備目標の引上げ等（平成11年度末までの当面の整備目標）

（1）在宅サービス

・ホームヘルパー	10万人	→	17万人
（ホームヘルパーステーション	―		1万カ所）
・ショートステイ	5万人分	→	6万人分
・デイサービス	1万カ所	→	1.7万カ所（デイケアを含む）
・在宅介護支援センター	1万カ所	→	1万カ所
・老人訪問看護ステーション	―	→	5,000カ所

（2）施設サービス

・特別養護老人ホーム	24万人分	→	29万人分
・老人保健施設	28万人分	→	28万人分
・高齢者生活福祉センター	400カ所	→	400カ所
・ケアハウス	10万人分	→	10万人分

（3）マンパワーの養成確保

・寮母・介護職員	―	→	20万人
・看護職員等	―	→	10万人
・OT（作業療法士）、PT（理学療法士）	―	→	1.5万人

2．今後取り組むべき高齢者介護サービス基盤の整備に関する施策の基本的枠組みの策定

＜基本理念＞　利用者本位・自立支援、普遍主義、総合的サービスの提供、地域主義

＜サービス基盤の整備＞

（1）在宅サービス
- ・かかりつけ医の充実強化
- ・ケアプランの策定
- ・配食サービス、緊急通報システムの普及

（2）施設サービス
- ・特別養護老人ホームの基準面積の拡大（個室化の推進）
- ・充実した介護力を整えた老人病棟の整備推進
- ・福祉用具の積極的導入による施設機能の近代化

（3）寝たきり老人対策＜新寝たきり老人ゼロ作戦の展開＞
- ・地域リハビリテーション事業の実施、市町村保健センターの整備

（4）痴呆性老人対策の総合的実施
- ・痴呆性老人の治療・ケアの充実（グループホームの実施等）

＜支援施策＞

（1）マンパワーの養成確保
- ・養成施設の整備、研修体制の整備

（2）福祉用具の開発・普及の推進
- ・福祉用具の研究開発・普及の促進

（3）民間サービスの活用
- ・民間サービスの積極的活用によるサービス供給の多様化・弾力化

（4）住宅対策・まちづくりの推進（建設省と協力して推進）
- ・シルバーハウジング等の高齢者対応型住宅の整備
- ・高齢者・障害者の配慮されたまちづくりの推進

＜施策の実施＞

これらの目標を具体化するために、国、都道府県、市町村等がそれぞれの役割を踏まえ、適切に事業を実施するとともに、地方公共団体が地域の特性に応じて自主的に行う高齢者介護施策を支援。

3．5年間の総事業費

9兆円を上回る規模

今後取り組むべき高齢者介護サービスの基盤の整備及び当面の整備目標の更なる充実については、消費税率の見直しに関連して行われる検討の中で、財源の確保を含め、改めて検討。

（平成6年12月18日大蔵・厚生・自治3大臣合意）「国民衛生の動向」

5

Q 痴呆性老人にはどんなサービスがあるのでしょうか

A 地域密着型「グループホーム」の他に、「在宅福祉サービス」「施設福祉サービス」そして「専門病院」があります

(1)在宅福祉サービス

①デイサービス

特別養護老人ホームあるいは養護老人ホーム等に併設（単独設置も可）したデイサービスセンターに通所し、リハビリ訓練や入浴、給食サービスを受ける。

②ショートステイ

一定期間、近くの特別養護老人ホーム等に入所してさまざまなサービスを受ける。

③ナイトケア

主として痴呆性老人が一時的に夜間のみ老短施設または特養ホームに入所し介護を受ける。夜間における介護家族の負担を軽くする。

④ホームヘルパー

食事や排泄、入浴、洗濯や買いものといった家事手助けを受ける。

⑤訪問看護サービス

療養上の保健指導が必要な場合、看護婦、保健婦の家庭への訪問を受ける。

(2)施設福祉サービス

①老人病棟

病状の急性期または慢性期の治療を必要とする高齢者のための病棟。在宅や他の施設で療養が困難な人が治療を受ける。

②老人保健施設

病院での入院治療をする必要はないが、家庭に復帰するためのリハビリや看護・介護を受ける。

③特別養護老人ホーム

身体上または精神上著しい障害があるために常時の介護を必要とする人が入所する。あくまでも家庭の機能を受けるのであり病院とは異なる。介護保険法では、介護老人福祉施設として再発足する。

(3)精神病院

痴呆性疾患をもつ病人が、CTやMRIによる脳の画像診断を受け、痴呆専門医師の治療を受ける。

このように痴呆性老人に対して、いろいろなサービスが整備、拡充されつつあります。それぞれの施設や機関の機能を正しく知って、積極的に利用すべきでしょう。

相談にこられた家族の方は、お年寄りを施設や介護支援サービスに預けると、かわいそうだと言います。そんなとき必ず話すのは、ずっと家にいるほうがかわいそうなんだということです。要介護者を抱えている家庭は、重苦しい空気のなかで日々暮らしているものです。そんな環境を、他人の手を借りて一時的でも変えてしまう、混乱した家族関係を、介護サービスを受けることが解き放ってくれるのです。サービスを利用している時間は、介護する側も休めたり、介護される側も環境が変わることで刺激があるはずです。家族が互いにいい時間を過ごせるメリットがあるのです。

6

Q なぜ「グループホーム」にたどりつくのでしょうか

A 「ゆっくり」「楽しく」「いっしょに」自分らしく暮らすことができる場所だからです。

前述しましたように、痴呆は病名ではありません。その症状は一人ひとり全くちがいます。痴呆は現代の医療技術では治すことはできません。その進行を食い止めたり、改善することができるのが「グループホーム」なのです。

こんな声が聞こえてきます。

姑の家庭介護の限界を感じたIさん

自ら古い農家を借り「グループホーム」をはじめた。この家に移るまでIさんの介護は家族にとって「格闘だった」。食事をしたことを忘れるため、朝五合炊いたご飯が昼にはない。二階から一階へ、家の中をまわり続けた。公的サービスも使った。週三回のデイサービスは着替えさせ送り出すのに一苦労。たまった家事を片づけると、すぐ迎えの時間だ。特別養護老人ホームに入るには、二年は待つという。特養の短気入所を利用した時、所在なげに廊下のいすに座っていた姿もまぶたに焼きついていた。

「施設頼みでも、家庭介護でもない形を目指そう」とたどりついたのが小規模な「家」だった。今はその「家」で、姑は食事を終えると、ゆっくりとドクダミ茶をすする。チラシを折ってなべしきを作ったり、細かく裂いた布を織ったり。すっかり落ち着き、徘徊も忘想もなくなった。

Iさんは語る。『十年、十五年と介護が続く時代は「嫁だから」ではすまされない。でも、大型施設には「普通の生活」がないのですよね。』

（「朝日新聞」一九九九・五・八より）

医療だけではいけないと考えたS医師

問題行動の処理などは狭義の医療で治せるのではないか。病院は一つの通過施設と考え一二〇人の入院患者さんを一単位で集中管理した。…いろいろな経験の中から、痴呆性老人のケアの全ての基本は日常生活に対する細やかな介護に集約されることにも気付いた。これは集団管理では手が届かない範疇なのである。

これまでは、相手ができるはずのことまでしてあげていた職員中心主義、あるいは、悪しき集団主義だった。「痴呆だからできない」という先入観で物事を進めてきた。しかし、このような先入観を見事にひっくり返された事例が次々に出てきた。

包丁使いが看護婦よりはるかに巧い人、流動食しかないと思い込んで対処してきた人が普通食が食べられたりなど、と。何で私たちは患者さんに普通に生活をさせてあげられなかったのか。……患者さんたちに普通に生活してもらうには医療だけではいけない、と感じ始めた。

（「老人保健福祉ジャーナル」No11より）

そして木造平家建て、二八四平方メートルのグループホームを誕生させた。

「平凡な人間の一生、日々楽しく充実して暮らせるならそれでいいじゃないか。悩み失敗し行き着いた先が、グループホーム。単に『小規模』という形ではない。考え方の変革なのです。』そこでは、職員と一緒に食事を作り、花を育てる普通の暮らしが続く。

（「朝日新聞」一九九九・五・八より）

特別養護老人ホームに二年間勤務した介護福祉士Yさん

特養にいた頃は毎日忙しくて、お年寄りにこうしてあげたいと思っていてもできませんでした。でもグループホームではそれができるのでやり甲斐があるし、毎日が楽しいです。特養は広すぎて、お年寄りは自分の場をみつけることができません。玄関がなく、ふすま、障子もなく冷たいコンクリートの空間のように思えるのです。また、一律にきめられた作業服を着ている職員の姿をみて、何か命令されるのではないかといつも緊張しているようでした。

訪問看護婦でグループホームの研修生Aさん

これまでの私の生活は、今日は何件訪問して、◯◯さん宅は何時で、次は…と時間に追われ、訪問していても手や口を動かしていないと看護婦としての仕事をしていない気がし、訪問が終わることになると話をしていても時間が気になりソワソワ落ち着かない、そんな状態でした。でも、ここではまったく時計は必要ありません。「何もしないこと、相手のペースに合わせること」のすばらしさを感じました。……風船バレーをしたり、歌ったり、散歩をしたり……少人数だからこそできる風景かなと思います。

このようにして到達した「グループホーム」――「自宅でない在宅」「もう一つの家」で疑似家族とともに普通の暮らしを送ること―にも注意しなければいけないことがあります。いわゆる「密室化」です。それを避けるために、地域とのつながりを日常的にもつことがとても大切であることをつけ加えておきましょう。

Ⅱ—生活介護ネットワーク活動記

❶『生活介護ネットワーク』小冊子から

市民一人一人が、自分のこととして地域作りに立ち上がり、問題点や不足していることなどに取り組んできました。

時間はかかりますが、理念を掲げ一歩一歩進めていくことが、喜びであり、そしてそこに足跡をはっきりみることができるのです。

しかし、共に活動している人達には理解し合えても、外部の人からはその社会作りがよくみえません。ネットワークがめざすものを多くの人達に理解してもらうために、小冊子を作りました。

この小冊子によって、これまでの私達の歴史や現場の状況を生き生きした内容でお伝えします。

特定非営利活動法人生活介護ネットワーク定款

（一部抜粋）

[第１章 総則]

（名　　称）
第１条　私たちの会は、特定非営利活動法人生活介護ネットワークといいます。

（事 務 所）
第２条　私たちの会は、事務所を埼玉県浦和市針ヶ谷３丁目16番地２号に置きます。

（目　　的）
第３条　生活介護ネットワークは、高齢社会にあって、安心して老後を迎えることができる充実した福祉制度、および地域社会実現のために、年齢、性別、職業を越えた幅広い層の人々がともに考え、学び、行動する会です。私たちの会は、市民が求める福祉について調査、研究、提言するとともに、高齢者·障害者等、市民の生活自立を支援するサービスを提供することを通じて、よりよい市民社会を目指します。

（活動の種類）
第４条　私たちの会は、第３条の目的を実現するため、特定非営利活動に係わる次の活動を行います。
⑴ 保健、医療または福祉の増進を図る活動
⑵ まちづくりの推進を図る活動
⑶ 人権の擁護または平和の推進を図る活動
⑷ 男女共同参画社会の形成の促進を図る活動
⑸ 子どもの健全育成を図る活動
⑹ 前各号に掲げる活動を行う団体の運営または活動に関する連絡、助言または援助の活動

（事業の種類）
第５条　私たちの会は、第３条の目的を実現するため、特定非営利活動に係わる次の事業を行います。
⑴ 高齢者障害者等、市民の生活自立を支援するサービスを提供します。
⑵ 市民の福祉の運動の交流を図り、シンポジウムなどの事業を行います。
⑶ 市民が求める福祉について調査、研究し、行政や社会に対して提言を行います。
⑷ その他、私たちの会の目的を達成するために必要な事業を行います。

第６条　私たちの会は、その収益を会の目的とする事業にあてるために次の事業を行います。
⑴ 物品の販売の事業
⑵ イベントなどの実施事業
⑶ その他、前各号の活動に付随する事業

生活介護ネットワーク・これまでの歴史

1992年 5月16日	発会記念講演「生きいき長生き、ネットワークは出会いから」開催
93年 5月15日	シンポジウム「転ばぬ先の介護探検、与野福祉はどうなっているの？」開催
94年 3月 5日	講演・シンポジウム「どうなっているの？大宮の老人保健福祉計画」
94年 9月 1日	講演会「ぼけても普通に生きられる」スウェーデンのグループホーム（バルブロー・ベック・フリスさん）を開催
94年秋〜95年春	全労災の助成金を受け、「痴呆老人の介護状況調査（埼玉県版）」を実施
95年 5月14日	「ぼけても普通に生きられる」報告書発行
9月20日	調査を基に、埼玉県知事あてに、「痴呆老人が暮らす小規模な共同生活の場(グループホーム)」に関する要望書提出
11月 3日	「陽だまりの家」オープニングパーティー
96年 1月27日	ミニデイサービス（週1日土曜日）『陽だまりの家』開始
96年春〜97年秋	助成金（加藤きく公益基金）を受け、「大宮市の福祉サービス実態調査」「痴呆老人の介護状況調査―大宮版」に取り組む
96年 7月	「ミニデイサービス家族の会」始まる（毎月第4土曜日午後）
8月30日	チャリティー・フラメンコショー開催
9月24日	「会食の日」開始（毎月第4火曜日昼食・陽だまりの家にて）
11月 8日	「ぼけても普通に生きられる」パートⅡ『日本のグループホーム』 開催
	「ぼけても普通に生きられる」パートⅠ報告集改訂版増刷
12月27日	厚生省に「グループホームに関する要望書を提出」
97年 5月25日	「ぼけても普通に生きられる」パートⅡ報告書発行
97年 9月 1日	毎日型デイサービス（月〜土曜日）『陽だまりの家』開始
9月17日	毎日型デイサービスオープニングパーティ（針ケ谷公民館にて）
10月18日	「家族の会」から「痴呆性老人ケア研究会」始まる(毎月第3土曜日)
11月	「大宮市高齢者福祉実態調査」報告書完成
98年 2月26日	大宮市に「大宮市高齢者福祉実態調査による生活・福祉」に関する要望書提出
5月24日	「さいたま痴呆性高齢者小規模デイサービス連絡会」発会に参加
9月 4日	「舞踏＆フラメンコショー」（浦和市民会館にて）開催
11月 1日	「ぼけても普通に生きられる」 パートⅢ『埼玉の痴呆性老人とグループホーム』開催
11月23日	グループホーム『たのし家』オープン
99年 4月 1日	グループホーム『うれし家』オープン

痴呆性老人のデイサービス

『陽だまりの家』

陽だまりの家では、痴呆症のお年寄りに昼間の間すごしていただくデイサービスを行っています。

ネットワーク会員の中から、自宅を無償で貸与していただけることになり、1996年1月にスタートしました。

場所は京浜東北線・与野駅から歩いて5分の所にあります。

大通りから少し離れているので周辺は車の通りも少なく静かな環境です。

建物は二階建てです。

デイサービスでは主に1階の和室を中心に使っています。

利用者は1日１～6人。

スタッフは２～４人。

ボランティアが０～３人ぐらいです。

朝10時～夕方４時まで、

自宅にいるのと同じようなくつろいだ雰囲気ですごしています。

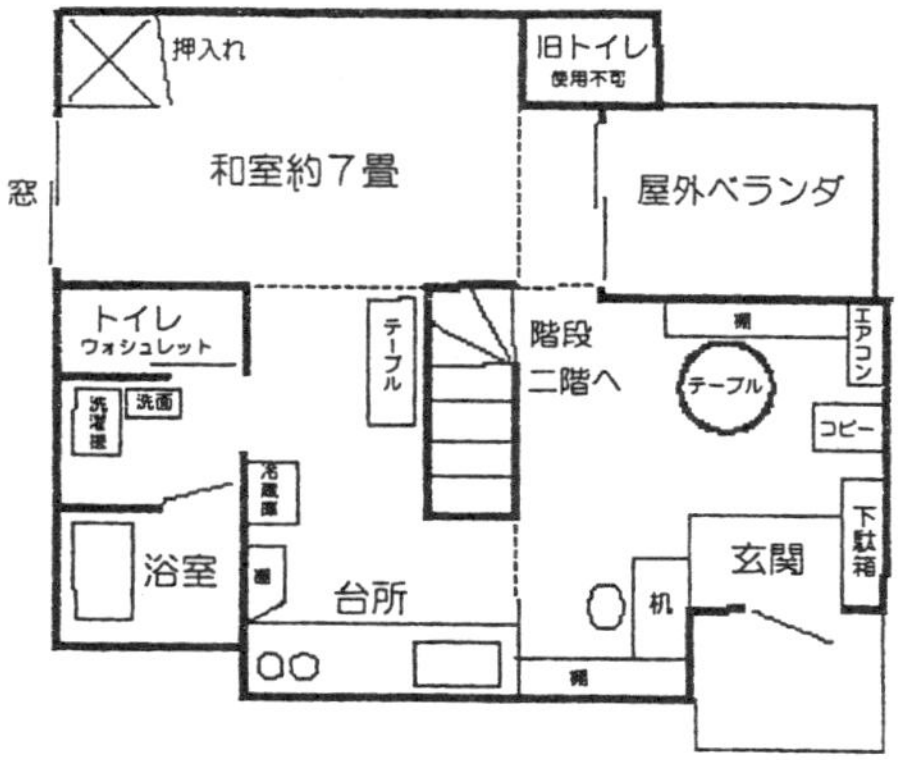

二階は生活介護ネットワークの事務所と常設バザー会場として使っています。

元は押入れだった場所に水洗トイレを新設しました。

『陽だまりの家』年表

95	9月	（仮称）『与野の家』整備目的のため、設立基金募集
		与野の家のネーミング募集
	11月	正式名称を『与野の家』から『陽だまりの家』へ
		オープニングパーティ　記念講演　須貝佑一先生
96	1月	ミニデイサービス隔週にてスタート
	2月	ミニデイサービス毎週実施へ変更
	5月	水洗トイレへ改装・風呂シャワー付へ改装
		下水道整備〈設備基金にて〉
	8月	チャリティ－フラメンコショー（障害者交流センター）
97	3月	陽だまり菜園始まる
	5月	バラ園へ遠足（与野公園）
	7月	『家族の会』発足
		第1回陽だまりバザー
	8月	アジサイ館へ一泊旅行（飯能）

	9月	毎日型デイサービスへ変更・オープニングパーティー
		「陽だまりの家を支える会」発足
	11月	陽だまりバザー（陽だまりの家）
		クリスマス会（針ケ谷公民館）
	12月	テレビニュースの特集で陽だまりの家
		が紹介される（12ch）

『陽だまりの家』の一日

9:00　スタッフとボランティアで朝の打ち合わせと
今日の準備を行います。

10:00

10時ごろ、御家族と一緒にお年寄りがいらっしゃいます。
陽だまりの家では現在送迎は行っていません。
要望も多いのですが、車がないのと人手の問題で実現していません。

お昼までは、お話をしたり、
遊んだりしてのんびりと
すごします

この日はボランティアのお孫さんが遊びに来ました。
小さな子どもが来るとみなさんとても嬉しそうです。

おはじきは遊びの定番のひとつです。
他にもお手玉など、昔の遊びが多いです。

ワンちゃんが遊びに来ることもあります。

11:00

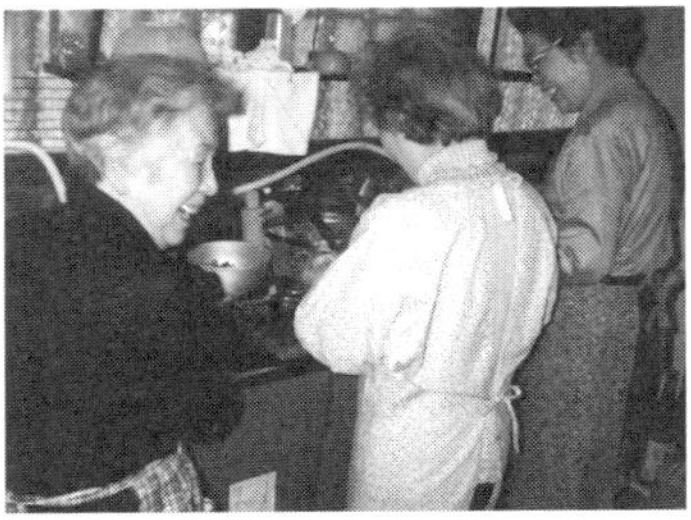

台所で食事の準備をしています。
スタッフとボランティアが毎日手作りのお昼を作ります。
(年に1～2回出前を取ることもあります)
利用者の家族の方が手伝ってくださることもあります。

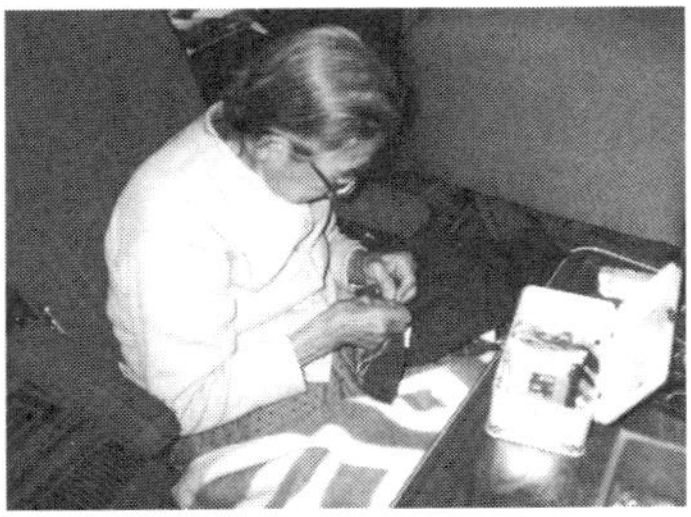

ボランティアの青年のボタンが取れかけていたのを付け直してくれています。

12:00

食事はいつもコタツで、みんなで食べます。
人数が多いときはたいへんです。
(見学者が多いときは15人以上になり、コタツを3つ出します)

ある日のお昼です。
・きのこご飯
・生鮭のセージ包み焼き
・おから
・里芋の煮物
・長芋の酢の物
・みそ汁
(いつもよりちょっと豪華ですね)

お昼は時間をかけて、お話しながらゆっくり食べます

自分のペースでゆっくり食べるようにしています。２時間ぐらいかけることもあります。

13:00

食器洗いを手伝っていただいています。
この他にも洗濯物をたたんだり、アイロンをかけていただいたりすることもあります。

14:00

天気が良いときはお散歩に出かけます。
歩けない方は車椅子に乗っていきます。

御近所を、30分ぐらいかけて歩きます。近所の「赤山通り商店街」を散歩することが多いです。

お昼の後のすごし方はとくに決まっていません
その時の雰囲気で決めています

「陽だまり菜園」へ畑仕事をしに行くこともあります
（車で5分ぐらいの所にあります）

道路のすぐ横に畑があります。
椅子や車椅子を持っていきます。

土をいじるのは楽しいものです。
立派なネギが育ちました。

大根もこんなに大きくなりました。

腰掛けて、里芋を掘っています。

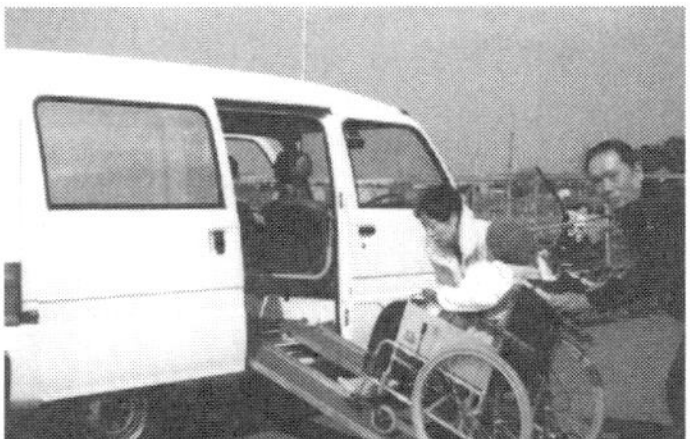

この日は、車椅子のまま乗れる車を持っている方がボランティアで来てくれました。

お隣の畑を耕している方にもいつも手伝っていただいています。（右の男性）

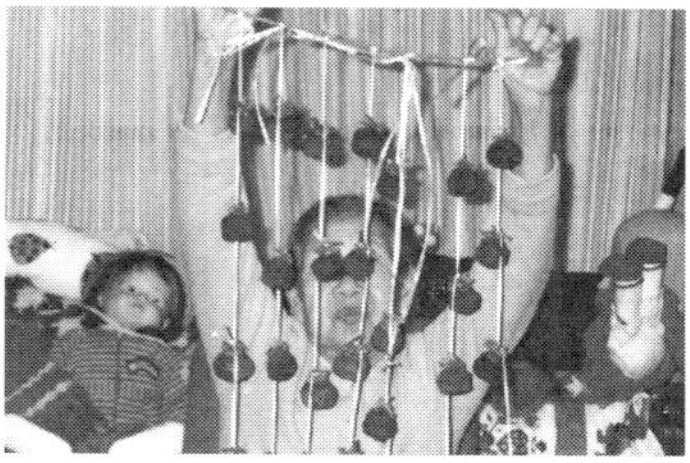

収穫した大根で切干大根を作りました。他にも干し柿なんかを作ったりして食べました。

風船バレーです。
これも定番のひとつです。
けっこう燃える人が多いです。

3:00　**3時のおやつです**

色紙で花飾りを作っているところです。
この他にも折り紙もよく作ります。

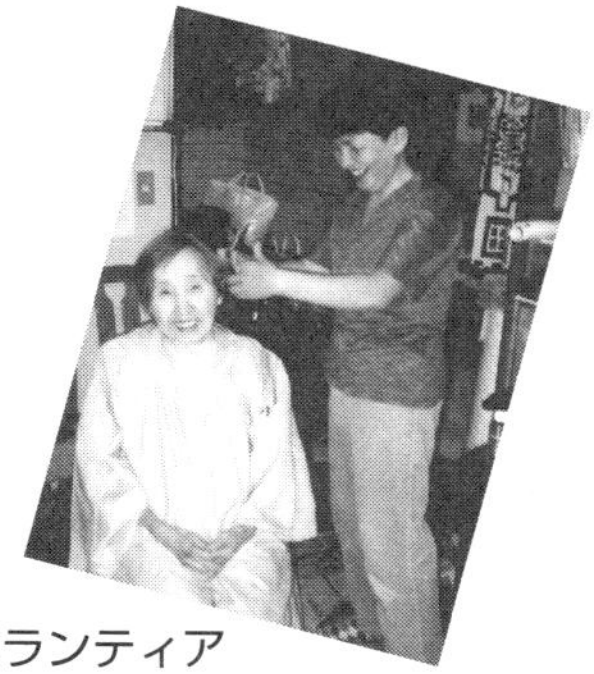

ボランティアの美容師さんが定期的に来てくれて、髪を切ってくれています。

4:00

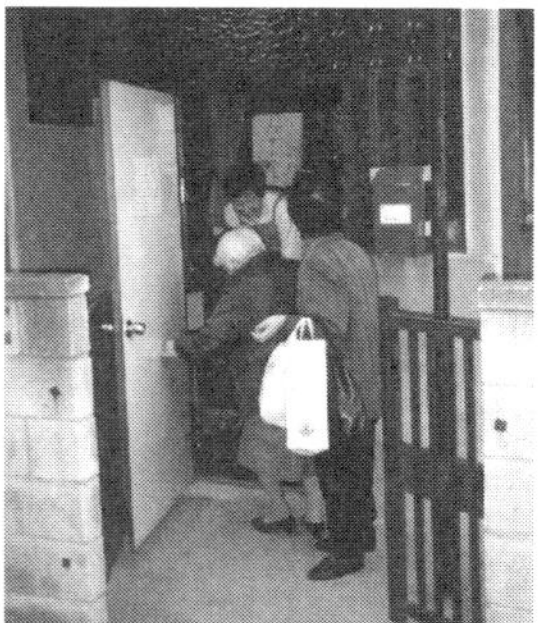

ご家族が迎えに来てお帰りになります。

5:00

今日の記録と打ち合わせを行います。

グループホームとデイサービス

『たのし家《や》』

陽だまりの家でデイサービスを始めて約３年、ついに念願のグループホームを作ることができました。

『たのし家』は陽だまりの家と同じように、ネットワーク会員の方から無償で貸与していただけることになりました。

一階が22.5坪、二階が18.5坪、それに庭もある大きな一軒家です。

一階がデイサービス、二階がグループホームの居室です。

トイレの改造と簡易エレベーター、その他を設置しました。

デイサービスには一日６人、グループホームに６人という定員です。

1998年11月23日に、ついにオープンしました！

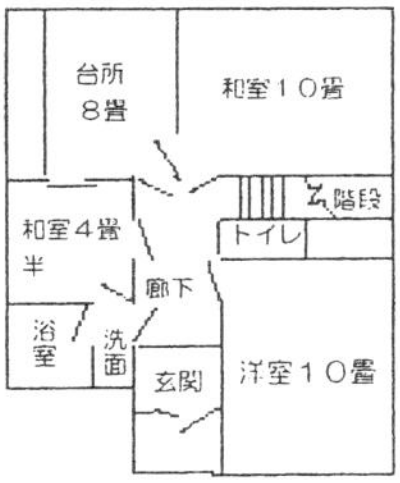

一階

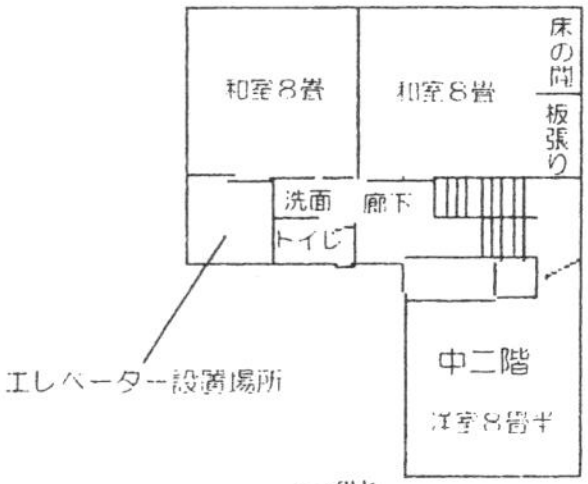

二階

『たのし家』風景

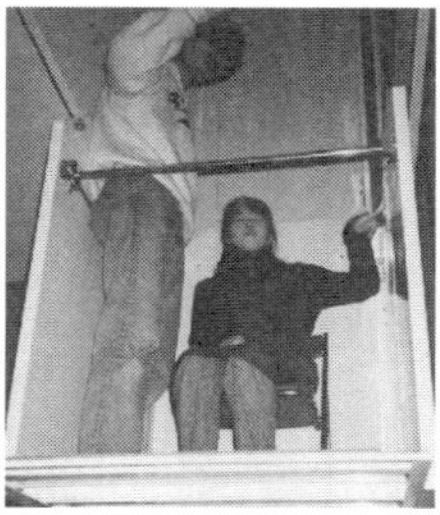

ここにはエレベーターがつきます。歩けなくなったり、緊急のときに使います。

居間で風船をついて遊んでいます。

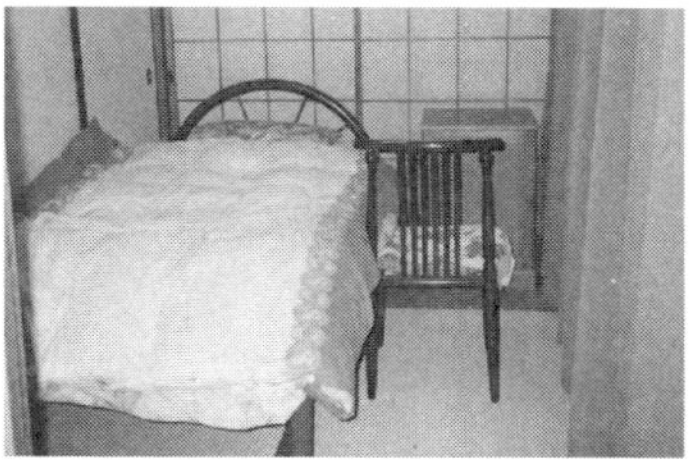

一つの部屋をカーテンでしきって二人の部屋にしました。

クリスマスパーティです。

入居者のエレクトーンで、これまで歌ったことのない人も歌い出しました。

グループホーム
『うれし家《や》』

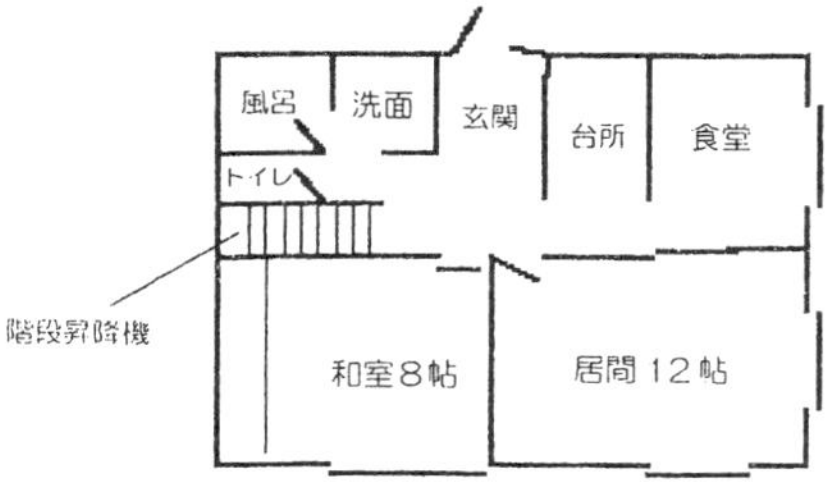

一階

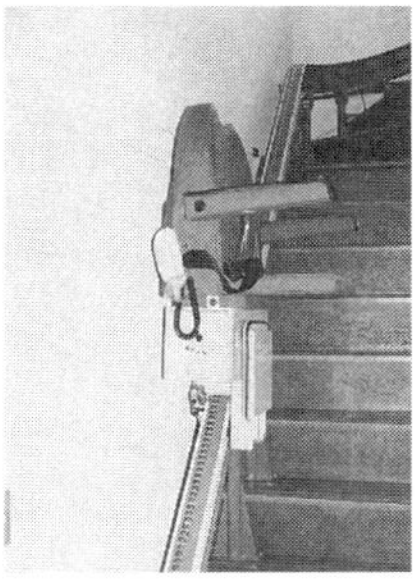
うれし家階段昇降機

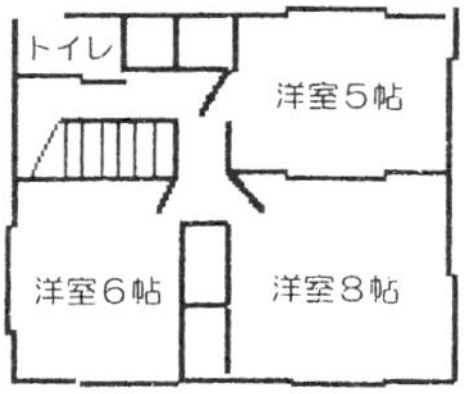

二階

うれし家居室

うれし家だより　第1号

祝　第1号発行!!

樹木の紅葉も日ごと深くなり、朝・夕の冷え込みに震えるころとなりました。

皆様お変わりなくお過ごしでしょうか...。

1999年4月にオープンした「うれし家」。早いもので、この10月で半年が経ちました。私達は、6名の入居者と毎日楽しく過ごしてまいりました。

いも掘りに行って来ました

10月26日に「たのし家」・「うれし家」合同で、さつま芋掘りに行って来ました。天気も晴天で芋掘りには、とても良い日でした。

さて芋掘りをする前に、まずは腹ごしらえということで、昼食は回転寿司に入りました。好きなお寿司をたらふく食べ、最後にデザートを召し上がる人もいました。なんと10皿召し上がった人もいて、きっと満足だったことでしょう。


芋畑へ着くと、軍手をはめ、ナイロン袋を持ち一斉にスタートしました。

始めのうちは、みなさん真剣に探しているためか、とても静かなもので
そのうち「あった、あった!!」と、そこいらじゅうからたくさんの声が聞こえ、あっと言う間に袋の中は、さつま芋でいっぱいになりました。

澄み切った青空の下、真っ黒い土の上で、鼻に汗をかきながらの楽しい一日でした。みなさん、本当にお疲れさまでした。

この日から、芋料理が続いたことは、言うまでもありません。

陽だまり菜園

97年3月、縁あって菜園を始めることになりました。所は陽だまりの家の北２kmの、川口、浦和、大宮の３市にまたがり、芦ノ湖の2倍の広さを持つ貝沼田んぼの一画にあります。
田んぼといっても、今は家庭菜園と造園業者の畑になっており一年中花と緑いっぱいの豊かな土地です。
野菜は、年間通じて10種類以上作付けし、デイサービスや会食の日の食卓に、また陽だまりバザーに、新鮮な野菜を提供しています。

取れすぎた大根で、お年寄りと一緒に切干大根を作ったり、八頭の茎の皮をむき軒下に干したり、いずれも食卓を飾りました。
みんなでジャガイモを掘ったり、たまねぎなどを収穫するのは、とても楽しいものです。

バザー

一年に４～５回のペースでバザーを行っています。
大宮や、浦和の大きなバザーに出店することが多かったのですが、これからは陽だまりの家で行うバザーが中心になっていくものと思います。
バザーで売る商品は皆さんからの寄付で集まった物です。売り上げは陽だまりの家の運営資金として使わせていただいています。もしも御家庭に不用になった物がございましたらお知らせ下さい。どんな物でも結構です。

Ⅲ　グループホーム日誌

生活介護ネットワークニュース
23
1999.11.2

【発　　行】生活介護ネットワーク
【事 務 局】陽だまりの家（担当松本裕美）〒338-0805浦和市針ヶ谷3-16-2☎&FAX048-822-1633
【大宮の連絡先】〒330-0834大宮市天沼町2-1009西村方☎048-644-7838　FAX048-649-2876
【郵便振替】00110-5-658044生活介護ネットワーク

私たちのグループホームで「介護保険」が使えるようにするために
土地・家をさがしています
「たのし家」や「うれし家」は厚生省の基準に合わないのです
代表　西村美智代

介護保険の要介護認定申請が10月1日から始
まりました。「家族の会」でも、介護保険の勉
強会を行い「たのし家」・「うれし家」に入居され
ている方々がこれからどうなるのか話し合いまし
た。
一方、スタッフにとっても入居者の認定はどうな
るのか不安もあり、連携している病院のケアマネ
ージャーに入ってもらい勉強会を開きました。
グループホームは、介護保険から提供される
「在宅サービス」に位置づけられています。「要介
護認定」により「要介護」と認定された方がグ
ループホームを利用できます。現在入居されてい
る方が介護保険から給付されるサービスとして、
「たのし家」・「うれし家」を利用するには、生活介
護ネットワークが県に指定サービス事業者の申請
をして、それぞれのグループホームの指定事業者
にならなければいけません。
NPO法人を取得しましたので、指定サービス
事業者になる第一の条件はクリアしました
が、問題は建物の基準です。現在、居室は八畳間
をカーテンで仕切って2部屋にして利用していま
すが、介護保険で決められている「個室」（一部屋
ごとの出入口と壁による仕切）には該当しません。
5～9名がグループホームの入居者数の基準で、
最低5部屋の個室が義務づけられています。当初、
厚生省はグループホームは生活の場だからゆる
やかな基準でいいと言い、カーテンによる仕切で
も可能と言っていました。ところが、ここに来ては
っきりと「個室」でなければいけないということに
なりました。
「たのし家」・「うれし家」を改造し全部個室
にすると、部屋数は減る、使いにくくなる、そ
家主さんの許可が要るなど問題が多すぎます。そ
こで世話人会では、新しく建設するための土地や、
基準に合った建物を貸してくださる方を探して、
新しく出発したほうがよいのではないかと話し合
いました。土地や、家の情報が事務局に入ってき
ていますので、いろんな人の力をお借りしながら
入居者の方々になるべく負担にならない方法を考
えていきたいと思っています。会員の皆さまのア
ドバイスをお待ちしています。

NPO法人になりました

10月13日付け、埼玉県知事名で、「平成11年
6月30日付けで申請のあった下記の特定非営
利活動法人の設立については、特定非営利活
動法人法（平成10年法律第7号）第12条第1項
の規定により、認証します」という通知が届きま
した。ちなみに、「指令県生第405号」という番
号がついていました。任意団体から法人格を持
つ団体になったわけですが、「その心」はこれまで
と変わりません。わたしたちの活動をすすめるた
めの道具として活用したいと考えています。

❶ たのし・うれしの日々

グループホームの毎日の暮らしをのぞいてみると、すてきな言葉の宝庫でした。お年寄りのこの感性を誰かに話をしたいと気持ちが高なりますが、いざ誰かに伝えようとしても私の言葉が出てきません。感性は一瞬に感じるものだと思いました。しかし、毎日の暮らしの中で「たのしい」「うれしい」という言葉に出てくる生活ぶりをどうしても伝えたいと思いました。

そんな折、生活介護ネットワークを暖かく見守って下さる地域新聞「埼玉新聞」が、週一回の連載という形でチャンスを下さいました。

書くことで、それぞれの入居者の方々にもっと近づけたような気がします。また、楽しいことや問題点がはっきりしてきました。

書いていると痴呆の方々と同じように私の気持も素直になっていくのです。そして、読み返すごとに、楽しい思いを何回もできる幸せに浸っています。

毎日の暮らしぶりをちょっとのぞいて見てください。

（一九九九年八月より毎週金曜日連載・「埼玉新聞」より）

必要なことは「人として」生きていく本来の姿

グループホーム日誌

グループホームのOさんと

「ぼくはどうしてここに居るんですか。新しい家族のところにはいつ帰れるのですか」と八十八歳のKさんは、病院のベットの上で繰り返す。私と「たのし家」の施設長は「もうすぐ帰れますよ」と根気よく答える。Kさんは、痴呆症で、昨年十二月に私たち生活介護ネットワークが運営する痴呆性老人のグループホーム「たのし家」に入居した男性である。

痴呆症はここ数年社会問題として表に出ているが、話題になったのは、有吉佐和子の「恍惚（こうこつ）の人」がベストセラーになった時だ。日本人が長生きするようになり、痴呆の人が増えたことで、社会的入院が問題にされ始めた。昭和五十年には平均寿命五十歳だったのが、今では八十歳を越えた。急に長生きになったことで社会も個人も心の準備ができていない。

私が初めて痴呆の人に会ったのは、生活介護ネットワークで施設や病院の見学と勉強会を行った時である。施設での痴呆性老人の実態を見て、同じ人間としてショックを覚えて言葉を失った。「人は愛されたり、愛するために生きている」というマザーテレサの言葉を思い出し、目の前の痴呆のお年寄りにとって最後まで必要なことは、「人として」生きていく本来の姿であると思った。

生活介護ネットワークは「安心して老後を迎えることができる充実した福祉制度、および地域社会実現のために、年齢、性別、職業を越えた幅広い層の人々が共に考えて、学び、そして、行動する会です。同時に私たちはそれらの活動を通じて豊かな人間関係を築き、その中で自立して自分らしく生きられる社会にしたいと願っています」という呼びかけをして八年前に発足した会で、六月三十日にNPO（特定非営利活動法人）の法人取得のための申請をした。高齢社会を迎え、寝たきりや痴呆になっても、住み慣れたところで暮らし続けられるようにするには、社会も、そして、自分たちも社会的介護を担っていくべきである。

新しい家族である「たのし家」に「帰りたい、帰りたい」とベットの上で繰り返すKさんに接する医師や看護婦は、介護に当たっている娘に、Kさんが帰りたいと言っているところはどんなところなのかと聞くと言う。地域の中で、他人同志の支え合いが少なくなってしまっている今、グループホームは痴呆性のお年寄りに、新しい生活の場として受け入れられているのだろう。

痴呆になったら自己主張がはっきりしてくる。Kさんにとって居心地のいい「たのし家」に帰れることが、生きる希望につながっている。スタッフと同居人である痴呆の人たちも退院の日を待っている。

グループホーム日誌

住みなれた環境で ゆっくり楽しく生活する

Ｙさんのお葬式で、家族会の人たちと

さわやかな風が心地よく体を包み、やさしい日差しがこれから逝く人に向けられているように思える忘れられない日があった。五月初旬にNさんは七十八歳で他界した。

「たのし家」にベットを確保し退院したら五人の痴呆のお年寄りと、そして、スタッフとの新しい生活が待っていた。入院先の病院に彼を見舞い、「待ってますから、早く良くなって一緒に生活しましょう」と新しい家族としてたびたび顔を出した。

彼にとって最初に入居した施設との出会いが悪かったとしか言いようがない無念の死だった。軽い痴呆のNさんは病弱になったために、関西から娘さんのところに身を寄せた。娘は介護疲れを解消しようと、軽い気持ちで「ちょっと行って来てね」と施設に送り出したと言う。私が娘に出会った時にはNさんは施設から病院に移され、命の危険にさらされていた。痴呆性老人のグループホームのことを知った娘は、自分の選択が悪かったことに気づき何とか、「たのし家」で生活させたいと願い申し込んできた。いつ退院できるかわからない状態であったが、入居金五十万円と、毎月の運営費十八万円を支払い続けた。娘にとって、毎月の支払いが大変だろうと思い問うたところ、「私の安易な行動が父を苦しめる結果になりました。少し前までは、明るく楽しそうにしていたことを考えると自分を責め続けました。しかし、いっしょに病院へ行ったり、相談にのって下さる方に出会い、気持が救われました。そして、早く回復して、グループホームに入居できると思うと希望がもてます。」と言われた。

グループホームは、痴呆症のお年寄りを抱える家族の心に風を吹き込んでくれる。したがってグループホームを知った介護者は、最適な環境の下で親や連れ合いを生活させたいと希望する。

あまり聞きなれないグループホームという言葉と生活介護ネットワークの出会いは、五年前にスウェーデンのグループホーム創始者である精神科医の講演会を開催した時である。住み慣れた環境で、スタッフと一緒に、ゆっくり楽しく生活することで、痴呆の人は、自分らしく、また、持っている能力を引き出しながら最後まで役割を持てると教えられた。それを可能にする住まいをグループホームというのだと。

五人から九人の他人同士が擬似家族となる。人間関係が希薄となった今の日本社会で血縁を越えて、他人同士が一緒に生活している姿は、奇異に写るであろう。痴呆の人を介護するのは、決して楽ではないが、「たのし家」の新しい家族は、笑いと感動に包まれ、スタッフも生きる喜びを感じている。

地域の人々に認知されている「陽だまりの家」

グループホーム日誌

散歩に出掛ける「陽だまりの家」の人達

与野駅から歩いて五分位の所に古い二階建てがある。ここがデイサービス「陽だまりの家」である。今年の十一月で五年目を迎える。スウェーデンの精神科医パルブロー・ベック・フリスさんに会い、痴呆の人が「ぼけても普通に生きられる」ことを学び、それから自分たちでも出来ることから社会的介護を担おうと始めたところである。

生活介護ネットワークの会員から無償で借りて始めたデイサービスは、今では地域の人々に認知され、温かく迎えられている。痴呆の人たちと散歩に出かけると商店や道行く人々に声をかけられる。突然「あれがほしい」と店の中に入り、歯ブラシを手にしたMさんに、店の人は「代金は後でいいですよ」と言ってくださった。

そして、その人は、ほほえみながら「実はわが家の親も痴呆なんです」と打ち明けられた。人に打ち明けることで家族は精神的に楽になるようだ。

そこで、デイサービスが地域の人達にもっともっと溶けこみ認知されることを願って、年二回「陽だまりの家」でバザーを開くことにした。新聞に折り込みチラシを入れ、活動内容やバザー用品の案内をする。「陽だまりの家」を知ってもらうきっかけを作ることや、お世話になっている地域の方々に、いい品物を安く提供したいと考えたからだ。バザーの回数を重ねる度に、様々な人達との出会いが生まれ、プロのギターリストがボランティアで弾いてくれたり、会議の時に、近所の人が差し入れを届けてくれたりと、温みを実感した。

「陽だまりの家」の皆はお弁当を作って、近くの公園や学校の校庭に出かけたり、花を見に行ったりして楽しんでいる。今年の一月に亡くなったS・Kさんは「陽だまりの家」が大好きだった。エリートサラリーマンだった彼は、現役の時には、妻の前では一度も歌を歌ったことがなかったのに、ここでは楽しそうに歌っている。

介護者である妻も「歌があると家での介護が楽です。テープに吹き込んでもらえませんか」と言われたので、何本もの童謡のカセットテープを渡した。痴呆が進み二十四時間の家族介護の限界で入院したS・Kさんのことを考えて、早くグループホームを作りたいと思うようになった。そして家族の会の方々と「グループホームを作る会」を作った。しかし、「たのし家」がオープンした時、S・Kさんは既にグループホームに入れる状態ではなかった。グループホームの開所を一番望んでいたのは彼だっただろうに。

S・Kさんは「陽だまりの家」の利用者第一号である。私たちにとっても心の中に彼の面影や行動が深く残り、最後の対面の日が忘れられない。

「たのしいわね」「あら、うれしいわ」

グループホーム日誌

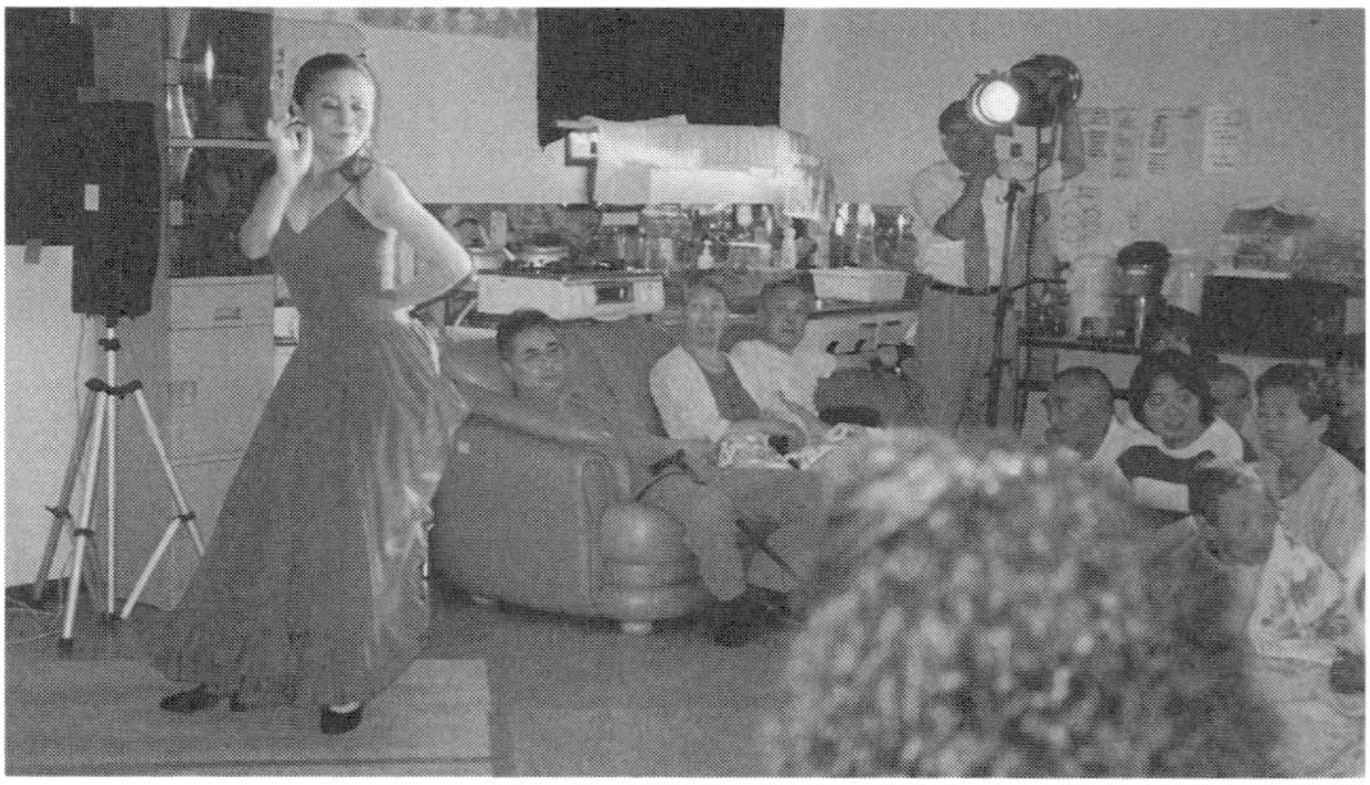

フラメンコショーは一番大きな収入につながるが……

「たのし家」と「うれし家」という二軒のグループホームを運営している生活介護ネットワークは、たくさんの借金を抱えている。いずれのグループホームも、入居者六人で一人一ヶ月十八万円の運営費をいただいている。スタッフは両方で常勤九名とパート八名である。「たのし家」は浦和市大東に、「うれし家」は与野市本町にある。「うれし家」は一九九九年四月にオープンした。どちらの名前も評判がよい。

「たのし家」に入居されている方々が「たのしいわね」「あら、うれしいわ」とよくおっしゃる。「たのし家」という名称の決定までは皆で悩み考えたが、「うれし家」はそんな訳ですぐに決まった。

「たのし家」はネットワークの会員からの無償貸与だが、「うれし家」は事情があって急いでオープンしたため、不動産屋で探した。家賃が二十六万円もかかる。どちらの家も住宅改造をした。「たのし家」はエレベーターを付けて八百万円、「うれし家」は階段昇降機を付けて二百三十万円の改造費がかかった。

市民団体で、年会費三千円の当会にお金があるはずがない。お金がないと知恵を働かせなくては運営できない。物品販売、バザー、カンパのお願いなどいろいろ考えて実行する。そんな中で一番大きな収入につながるのがイベントである。

毎年行っているのがフラメンコショーである。一流のダンサー、歌手、ギタリストとは友人であり一緒に老人ホームを回る仲間である。人生を歌い踊るフラメンコをお年寄りの人たちは自分の人生に重ねて、喜び、涙する。「うれし家」のOさんは、歌と踊りが大好きで、気持ちが乗れば身体をリズミカルに動かす。誕生会でスナックに行くと、一番楽しそうにして帰りたがらないため、最近は「うれし家」で行うことにした。

フラメンコだけでは借金の返済がなかなかできない。そこで、講演会を開くことにし、七月には椎名誠さんに来ていただいた。ボランティアでいらして下さった椎名さんに感謝しながら数個のカンパ箱を開くと、二十八万円も入っていた。

グループホームのお年寄りと出会い、グループホームの運営の苦しさを理解した方々からの応援が増えたことで、人の温かい気持ちをしみじみ感じ、社会への希望もわいてくる。

心から「お疲れさま」と言えるお別れ

グループホーム日誌

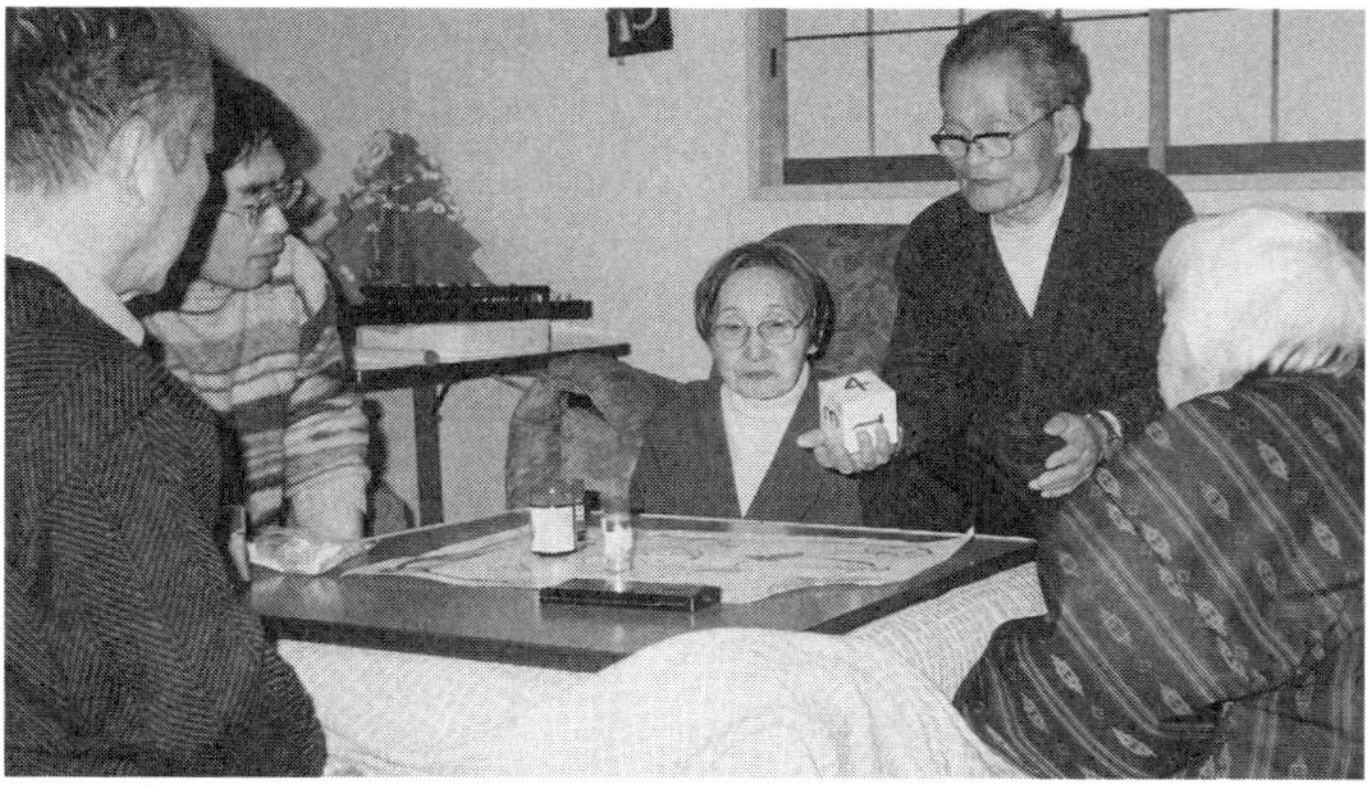
「たのし家」でお正月を楽しむ入居者の方々とボランティア

私たちにとって大切なお年寄りが七月、八月に相次いで亡くなった。二人の共通点は、共に九十年生きたこと、最期まで生きる意欲を失わなかったこと、そして、私たちに思い出をいっぱい残してくれたことだ。

Iさんとの出会いは、ある会合で生活介護ネットワークの勉強会のチラシを配布した時である。

チラシを見て参加したのはIさんだけだった。それ以後、私の初めての本の対談に出てもらったり、集会では活発な意見を出してもらった。足腰が弱って老人保健施設に入り、そして特別養護老人ホームへ移り住んでから数年になったが、ボケもまったくなく、施設の職員の教育係や私の本の販売取次店のようなことなどやり、施設の中での生活を楽しんでいた。「次の人たちが楽に年とって生きるために、俺は先が短いんだから、憎まれてもいいから行政に対して住みやすい町にしてくれと運動するんだ。福祉って、考える人と利用する人が違うからダメなんだ」という彼の話が、お見舞いに行った時に最後の力を振り絞り握手した時の細くなった手のぬくもりと一緒に、私の中に残っている。

皮肉にも八月に亡くなったKさんが、その時、同室にいて結果的に最後の面会になってしまった。

Kさんはグループホームに帰りたいと言い続けていたが、最後は観念されたのか家族に「お世話になりました」と言われたそうである。

痴呆症になる前のKさんはワンマンで、家族に対して暴力をふるい怖くて近づけなかったと娘さんは涙ながらに話された。

デイサービス「陽だまりの家」を利用していたKさんが、去年の暮れにグループホーム「たのし家」に入居され、お正月は「たのし家」で過ごされた。家族と別々のお正月を迎えたKさんは、とても楽しそうであった。

Kさんの家族は「父も新しい家族と幸せに暮らし、私たち家族も久しぶりにおだやかなお正月が迎えられ、皆が幸せになることが幸せなのですね」と感慨深く語られた。ワンマンで怖くて近づけなかったほどのKさんも、痴呆になったことで気持ちが素直に表現でき感性が豊かになり、家族に愛されるまでになった。

このようにIさんもKさんも、周囲の人々の心の中に大切なことを残し、惜しまれつつ、心から「お疲れ様でした」と言えるお別れとなった。

「たのし家」「うれし家」焼き肉パーティー

グループホーム日誌

「うれし家」での合同焼き肉パーティー後の花火大会

「たのし家」と「うれし家」と合同の焼き肉パーティーを開くことになった。

デイサービスとショートステイのある「たのし家」と、グループホームだけの「うれし家」では人の出入りが違う。近くに小学校や商店のある「たのし家」の住宅事情は常に人の気配がある。一方、住宅が集合している「うれし家」は静かな環境である。痴呆の重い「うれし家」の入居者の方々にとっては、落ち着いて生活ができる。しかし、閉鎖的にならないように、外の風を吹き込む努力をしなければならない。

そこで、「うれし家」の庭で、焼き肉パーティーと花火大会を開くことにした。一日二回「健全な徘徊（はいかい）」をしている「うれし家」のFさんは、妻に「早く帰らないと焼き肉パーティーが始まるわよ」と言われて徘徊先の自宅から「自宅でない在宅」の「うれし家」に帰ってきた。

肉を焼く鉄板と炭は用意できた。野菜は入居者のHさんが切り始め、新しいボランティアのOさんはおにぎりを作り始めた。庭で炭火をおこしている若い三人のスタッフの「火がつかない」と言う声が聞こえ始めて一時間たった。Hさんと私が肉を皿に並べたのにお呼びがかからない。「たのし家」からの入居者六人とスタッフ四人は到着して、おなかをすかしている。

一カ月前に「うれし家」にお試し入居したMさんはにぎやかなところが自分に合っている、「うれし家」の個室は嫌いだといって今は「たのし家」に住んでいる。「あら、お久しぶりね」と住人にあいさつするが、相手は「あら、どなた?」という顔でMさんを見ている。

こんな雰囲気の中に、痴呆の方が十二人とスタッフ、ボランティアを入れて二十五人が集まった。おきない炭火を待っていても仕方がないと言ってHさん、Mさん、台所仕事は自分の役目と思っているIさんとスタッフは、電気のプレートで焼き始めた。焼き上がったたくさんの焼き肉と野菜を、外で頑張って火起こしをしていた人たちも加わり、あっという間に食べてしまった。

この日新しく入居したTさんは、家族と別れてしばらくは「帰る、帰る」と言っていたが、いつの間にか帰るのを忘れていた。

部屋の机を片付けて、盆踊りをすることになった。数日前に参加した大東商工会の盆踊り大会で、知っている踊りが一曲しかなく、不満そうだった九十二歳のSさんに満足してもらおうと、思いたった。

狭い部屋で炭坑節を踊りながら、介護される人とする人の壁はなく、まさに大家族そのものであった。

介護保険が導入されると……

食事が終わったらさっさと片付けをする入居者

「たのし家」のデイサービスを夫婦で利用されていたKさんの妻に初対面の日、「ご主人の介護は大変ですね。ここで少しでも体を休めて下さい」と話し掛けた。「ありがとうございます。ここは楽しくて主人も喜んでいます」と深々とおじぎをされた。しばらくして、ご主人は、九十二歳で足腰は弱いが痴呆ではなく、ただ寡黙の人であるということ、痴呆の妻と一緒にいたいため、夫婦一緒に利用していることがわかった。

以前「陽だまりの家」のデイサービスで、夫の介護に疲れた妻が、一人家で待つのは寂しいからと同伴で利用されていたことがあり、Kさん夫婦の場合も、妻が夫の介護をしているものと思い込んでしまった。一見、しっかり者の妻はアルコール依存症と痴呆症で、息子夫婦の介護を受けている。一緒に食事をしながら楽しい会話が弾み、私は話し上手な妻と意気投合した。

スタッフから事実を聞かされ、介護保険が導入されると、痴呆の人の要介護認定は難しいと思った。Kさんの妻の場合も、夕方になると、そわそわしはじめ「帰りましょう」が繰り返された。同じことを何回も聞かれ、そのたびごとに返事をする。言ったことを忘れ、繰り返し問われることに丁寧に対応することで落ち着きを取り戻す。

一見普通に見える行為だが、介護には時間がかかる。この時間が介護保険の要介護度（一から五）を決めるポイントとなる。痴呆の場合は時間や天気、そして、体調によって症状が変化する。いつも一緒にいるスタッフは、その人を理解するまで家族の話を聞いたり、本人の行動を観察しながら少しずつ現在のその人に近づくことができる。

介護保険の給付を受けるには、市町村や委託されたケアマネージャーが基本調査を行う。そこで、「たのし家」、「うれし家」の入居者の要介護度がどのくらいになるのか勉強しようということになった。連携している病院のケアマネージャーでもあるケースワーカーの協力を得て出した十二人の要介護度は、二か三であった。皆でがっかり（？）してしまった。

グループホームに入居すると痴呆の周辺症状はとても良くなる。自分の持っている得意な能力を発揮し会話も弾む。時間をかけてつき合わなければ痴呆の状態の判断はつきにくい。ただし、特記事項で日頃困っていることや問題行動を伝えることと、かかりつけ医の意見書が添えられるので、少しは伝わるかもしれないと期待する。しかし、矛盾するのは、入居者の方々が元気で楽しそうに生活されているのを喜ぶ反面、要介護度が低くなってしまうということだ。

グループホームは在宅サービスの一つとされ、要介護ではなく要支援と判定されたら介護保険では利用できなくなる。介護保険導入後どうするか、家族との話し合いを続けている。

年一回の旅行、家族と一緒に

1泊旅行で「あじさい館」に行った時、通路でスイカ割りを楽しむ

毎年夏になると一泊旅行に出かける。昨年は大雨で目的地である温泉地が出発の前日に流されてしまい中止になった。今年は晴天で、しかも猛暑のために、お年寄りの脱水症状を気にしながら、四十五人がバスに乗って出かけた。県の施設である「あじさい館」は二回目。到着すると、駐車場はバスの入る余地がないほど込んでいた。

　バスを降りて旅館まで歩くのだが、その短い距離でもゆっくりと歩く人、興味があれば立ち止まる人、どこかに行ってしまいそうな人などさまざまで時間がかかる。入室できるまでの間、旅館の敷地内にあるベンチで昼食をとることになった。ところが、一人がバスからどうしても降りてくれない。スタッフが一人、二人とバスに乗り込み挑戦する。

　何が彼の中で起こったのか、びくとも動いてくれないとスタッフが報告に来る。こういう時には抱えればいいと外部からの声があるが、意志のない人の体は足一本動かすのも大変である。

これまでに何回も経験しているが、「陽だまりの家」のデイサービスを利用されているSさんは、送迎の車に体を入れることができず、皆で足一本を入れようとして一時間も頑張ったことがある。

Sさんは、トイレに行くのに立ち上がる気持ちもなかったが、大好きな歌である「からすの赤ちゃん」をスタッフが歌うと気持ちが動き、ようやくトイレに誘導できた。トイレを終え居間に座るまで歌いつづけるのである。

スタッフ二人でも大変な作業だから、家族、しかも介護者である高齢な妻にとってストレスがたまるのは当然である。痴呆の本人にとっても、したくないことを無理に、しかも暴力的に指図されると、それがストレスになり表情が硬くなって徘徊や暴力を引き起こしてしまう。

従って痴呆はストレスの病気と言われている。家族のストレスを取り除くことで痴呆の人が穏やかに暮らせるように、私たちは「家族の会」を月一回行っている。家族の方々と一緒に昼食を取りながら、不安、不満、現実に起こっていることなど何でも相談する集まりを始めて四年にもなると楽しくやれるようになった。

年一回の旅行も、痴呆の本人と家族が一緒に参加し、普段家族だけの生活では見られない元気で明るい姿に接し家族は驚き、喜ぶ。

痴呆のお年寄達はスイカ割りやカラオケなどを楽しみ、また、いつもは入浴を嫌がる人も、にこにこしながら大浴場に入っていった。

今年もまた、事故もなく無事に帰ることができた。バスを降りなかったOさんも、原因が分って皆に合流した。「あじさい館」に向かう途中にバスを降りて休憩を入れたことが、車の大好きなOさんにとって気に入らなかったらしい。バスの外に止まっている格好のいい車を指さし、「あれでドライブしましょう」と許される（？）嘘をつき、にこっとしたOさんをバスから連れ出したとの報告があった。

介護による悩み　抱え込まないで

月1回の家族会では、いつも昼食を取りながら話し合う

Sさんの嫁から電話があり、「義母が食事もせず暗い所に座っています。夜も眠れない、心臓がどきどきすると言っていますので、母の相談に乗ってもらえませんか」と頼まれた。いつもの元気な太い声がか細く思えた。

Sさんは、夫がアルツハイマー病と言われ、有名な病院を転々としたが、回復せず、徒労と挫折の中、ほとんどあきらめの境地で家庭介護をしていた。新聞で「陽だまりの家」がオープンする記事を読んですぐに会いに来られた人である。利用者第一号で私たちにとって忘れられない思い出がいっぱいある。

「陽だまりの家」を利用されながら病院の入退院を繰り返された。Sさんは七十代後半で、夫は八十二歳であった。デイサービスには、いつも手を引いて歩いて三十分くらいで来られたのが、そのうち一時間ぐらいかかるようになった。

夫婦が楽しく昼間を過ごされ、少し安心していたが、夜の介護が大変で、いつ起こされるか分からないので、洋服を着たまま寝ますという言葉に驚きと衝撃を受けた。夜、おむつを取り換えるのも高齢者である妻は大変である。「うまくいかずにたたかれました」と言われた。Sさんは介護に限界を感じ、夫を精神病院に入院させた。

この病院の院長は何でも話せる信頼できる人で、生活介護ネットワークはとても頼りにしている。Sさんも毎日のつらい介護から離れてさぞかしほっとしておられると思っていた。相談場所として静かな喫茶店を選んだ。話しにくそうに「情けないことです。夫の入院がどれくらい続くのか不安です。貯金の残りと自分がこれから生きていく生活費や、自分が病気した時のことを考えると…」と不安そうに話された。

それからも時々、解決にはならなくても元気を出してもらおうと話し相手になった。聡明な方が、同じことを何回も繰り返され、やつれた様子なので、一緒に病院へ行った。介護疲れと老人性うつ状態ということで、薬が出された。Sさんの例は特別でなく、介護者に同様な状態の人は多い。「家族の会」では、介護による悩みを抱え込まないように「お互いさま」という関係の中で話ができる場をつくってきた。

その中で「グループホームを作る会」もできた。Sさんは夫をグループホームに入所させたいと願っていた。「少しでも元気になったらグループホームへお連れしましょう。せめてショートステイでも利用できればいいですね」と言っていたが、昨年の大みそかに夫は他界された。

家族の会は亡くなられた後の家族のフォローを大切にしようと、落ち着きを取り戻されたのを機会に出席してもらっている。今年の夏の旅行に参加されたSさんは元気だった。

自分らしさを発揮し大いに楽しんでもらっている

グループホーム日誌

誕生会のお祝いでカンパイする「たのし家」の夕食

地域の敬老のお祝いに「たのし家」の入居者の人たちが招待され、スタッフと出かけた。自治会に個人で入会しているので当たり前と言えばそうなのであるが、痴呆の人たちがグループで参加するのは、地域にとっても初めてのことではないだろうか。私もお年寄りの方々と一緒に参加するのを楽しみにしていた。

ところが体調を崩し、入院中の病院で「たのし家」の施設長から報告を聞くことになった。敬老会のお祝いだけではないが、式典というのは、何人かの偉い人のお話が続く。「地域に馴染みがあって、痴呆でもなく話が理解できれば、それなりに我慢（?）もできるのにね」と施設長に言うと、「皆さんおとなしくして静かに聞いていました」と笑って言った。

痴呆の人たちには、どの人の挨拶も同じように音として伝わってきたのだろうが、長い時間をよく頑張ったと感心させられた。式典そのものが形式的であまり楽しくなかったと言う施設長の報告を聞きながら、これからの長寿社会を考えるとお年寄りが中心になって自分たちのやりたいことが可能になる社会環境にしていくべきだろうと思った。

最近よく聞くＱＯＬ（生活の質）という言葉があるが、生活の質と言うのはその人にとって何を大切にして生きて来たのかで意味合いが随分違う。そういう点において、グループホームの方々についてはこれまでの人生を家族に詳しく聞き、そして、本人とじっくり付き合う中で分かっていくのである。

お年寄りを我がままだと言う人がいるが、私は年をとったら我がままになればいいと思っている。現存の高齢者の多くは、好き嫌いをはっきり言わずに人生を歩んで来られた人が多いが、痴呆の方は自分をごまかせないので、自分らしさを発揮し大いに楽しんでもらっている。痴呆の方々とお付き合いを始めてから、教えられることや楽しませてもらうことが多く、出会えたことに感謝している。

また、直接付き合っているスタッフの感性も豊かになっていることがわかる。

人を育てることが希薄になったことが問題になっている日本の教育を考えると、若い人たちに「たのし家」・「うれし家」にボランティアに入って、お年寄りとおつき合いして欲しい。形式的でなく、お互いに心が動くような人間関係を築いていってこそ長生きも楽しくなるだろう。

出かけることが大好きな入居者の人たちは、盆踊りや運動会など地域のイベントに招待され、楽しく交流させてもらっている。来年の敬老会に期待したいと思う。

介護保険の申請

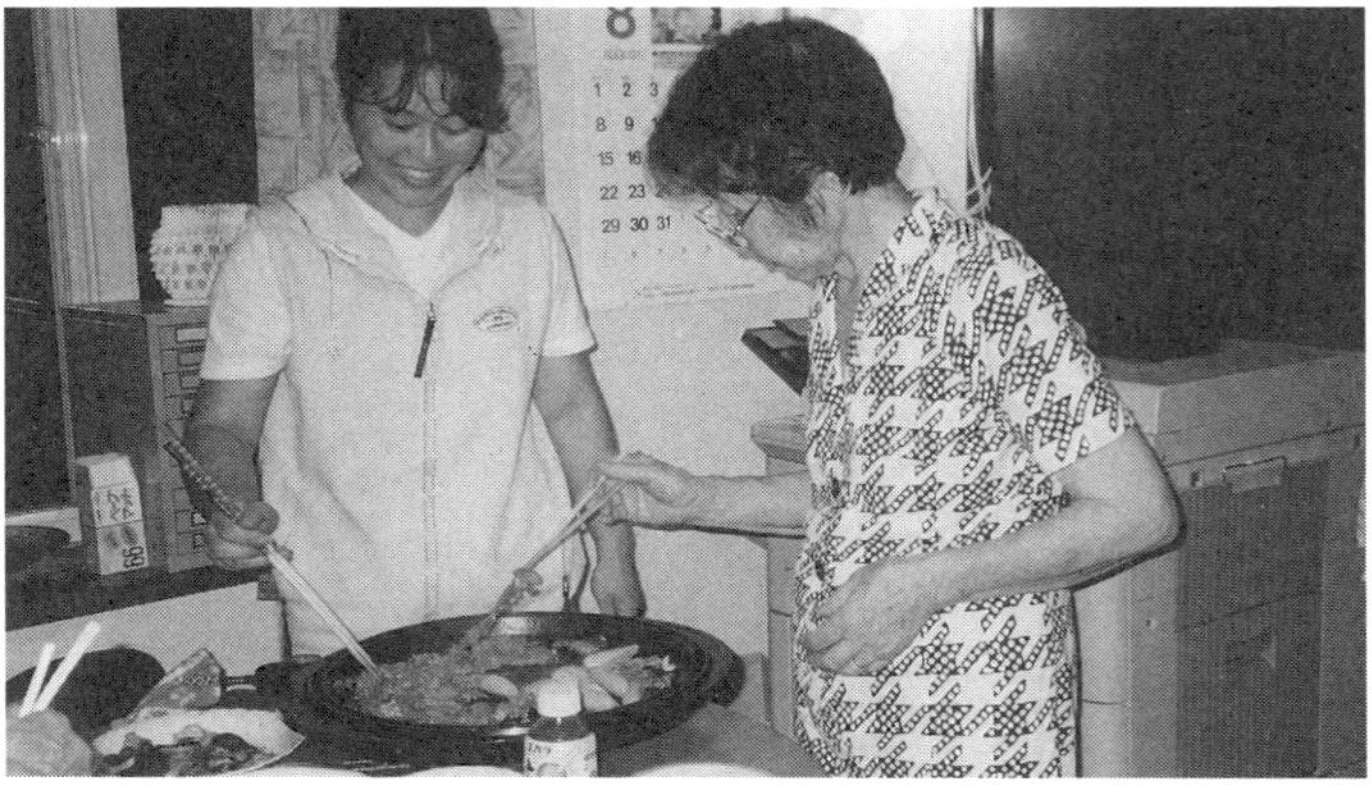

夕食の支度を手伝うHさんは、自分の仕事だと思っている。
スタッフより手際がいい

私の都合で月一回行っている家族の会を延ばしてもらった。ところが、今度は入院することになってしまい、また延期するのも迷惑をかけると思い困ってしまった。しかし、家族の会も自分達で運営する力がついてきたと喜んでいたところでもあり、スタッフに依頼して会を開いてもらった。

家族の代表に欠席のおわびの電話を入れると、「介護保険の申請ですけど、給付は四月からだからなるべく遅い方がいいですよね。状態が変化するので介護認定の要介護度が高くなるでしょう」と聞かれた。

確かにそうである。不服があれば不服申請をすればいいと言うが、事務手続きは面倒である。市町村にすれば十月一日からの申請を前倒しにしてするところもあるぐらいだから、早くサービスの量を知り対応も考慮したいだろう。

矛盾する話だが介護度が低いと家族はがっかりする。特に痴呆は外目に軽く見えても、いつも一緒にいる介護者はストレスの固まりである。グループホームの入居者で住民票のある市町村に申請された方が何名かいる。基本調査を受けるのに自宅で受けなくてはいけないとなると大変だと話していた。任意団体でやっているグループホームだから仕方ないとあきらめ、その時はスタッフが同行しようということになった。

ところが市町村側がグループホームに来てくれて、家族とスタッフ同席の上で調査を行ったとの報告を受けた。特記事項が大切だからしっかり話をしましたとのことである。調査を受けたHさんは、食事の支度はスタッフよりも素早く、茶碗洗いも上手、掃除が大好きときている。

しかし、いつも働いていなければいけないと思っていることに対し、スタッフは苦労している。夜中に、何回も起きてきて「お米をとがなくては」を繰り返す。私もその場面に出会ったが、ただ拒否すると表情が険しくなる。朝、台所の生ごみ入れを持って出かけたHさんは、あるマンションの玄関前に捨ててきた。スタッフはそれを片付けに行く。こういう繰り返しの状態を特記事項に書かないと、なんでもできる人で介護は楽だということになりかねない。

痴呆の人は作り話が多いし、上手だ。スタッフは作り話だと理解して付き合っているが、家族であれば受け入れるのは厳しいだろう。「たのし家」のスタッフが、介護しているSさんに「ちょっと待っててね」と風呂場に行った。戻った時、Sさんはスタッフを嫁と勘違いして「泣きに行ったのか」と言ったという。きっと嫁を怒った時のことを思い出したのでしょうねと楽しそうに話すスタッフの笑顔を見て、二人の関係が見えた気がして心が温かくなった。

介護保険も機械的に制度に当てはめるのではなく、人が人を審査するのだから温かさを残してほしいと願っている。

鏡の前で……

「たのし家」「うれし家」の合同食事会で、
いつもより食が進む入居者とスタッフ

個室に入院していると話し相手がいない。音楽をイヤホンで聴く。本や新聞を読む。テレビを見るなど受け身である。そこで、朝、顔を洗った時に鏡に映った自分に向かって「おはよう」と声をかける。

私は、自分だと認識して自分に声かけしているが、痴呆の人は鏡に映った人物は別人に映る。自分はこんな姿ではない。こんなに年をとっていないと思ったり、自分が会いたい人になったりする。鏡の前のお年寄りに最初に出会った時は戸惑ってしまった。一昨年の「あじさい館」への旅行の時に同室になったOさんが鏡と話し始めてなかなか寝ようとしてくれない。洗面台の鏡に向かってしゃべり続けているが、内容が理解できない。

苦労して気持ちをほかに向けてもらったが、今度は布団のところに移動せず部屋の入り口に立ったままびくともしない。スタッフの一人が「四人分の布団が並べてあるからではないでしょうか。昔の人は布団を踏んではいけないと教えられているから動けないのではないですか」と言った。

それではと、布団をまくり畳が顔を出すとスタスタと歩いて部屋の中にどっかり腰をおろした。私たち介護者はそれまで二時間の苦労を考え、胸をなでおろしたのである。その後「鏡の中の老人達」という本に出会った。読みながらとても納得し共感を覚えた。

それからは、鏡に向かったお年寄りの人たちにどんな変化があっても慌てずに対応している。

八月に「うれし家」に入居されたMさんが初日、娘さんと来られた。娘さんが帰った後、鏡に向かって「S君早く迎えに来てよ。私は待っているのよ」と話し続け落ち着かない様子だった。皆でパーティーを始め、盛り上がったらいつの間にか参加しており、その日は「帰る」という言葉は出なかった。

しかし、翌日から鏡に向かって同じ言動が始まった。「S君」は一体誰のことだろうと思ったら甥のことであった。彼女にとってどんな存在だったのだろうかと、その時の彼女の中に近づいてみたくなってしまった。現在は「うれし家」での生活に少しずつ慣れてきたMさんだが、家族を思う気持ちが強く、繰り返し話す内容は家族のことがほとんどだ。

痴呆の程度によって話せる言葉に差はあるが、それまでの家族関係は痴呆の人の会話に垣間見ることができる。

ある夜のこと、講談師の田辺鶴英さんが遊びに来て、一席語ってくれた。それが楽しくてテンションの上がったAさんは、眠りから覚めた人のように家族関係をしゃべり始めた。家族のことをこんなに知ってしまっていいのだろうかと心配になった。

後で家族に確かめたらほとんど事実であった。

本当に理解しているの？

お天気の良い日は、近くの公園に散歩に出かける「たのし家」の人たち

最近、介護や介護保険に関する事がテレビで毎日のように取り上げられている。先日は小渕首相が横浜のグループホームを視察したニュースを見たと人づてに聞いた。政治家が立候補する時の公約は介護の問題を全面に打ち出している。一番印象に残っているのは都知事選で、鳩山氏が東京にグループホームを千カ所建てると言ったことである。

彼はグループホームがどういうものか本当に理解しているのだろうか疑問に思った。実際運営してみて、経済的な面、質の問題、立地条件など考えるとグループホームの増えない理由がわかる。

ところで、現在、厚生省は都道府県に対し、介護保険の中の在宅サービスであるグループホームの指定を一時ストップさせている。これは、質の問題をどうクリアするかが問題となっているからである。基準さえ整っていれば、いろいろな事業者が参入できる。小規模なために密室化しやすく、そのなかで痴呆のお年寄りの虐待も起こりかねない。

第三者の目が常に向けられていなければ、痴呆の人にとってその人らしく暮らせる場が全く逆になる危険性が大である。私たちが市民の手でグループホームを作ったのは、痴呆の本人にとってはもちろんのこと地域や家族にとっても自分らしく生きることの大切さを教えあえるからである。

しかし、民間の運営は財源が問題である。NPO法人を取り介護保険で運営できるかというと、現在示されている給付額では非常に厳しいだろう。県や市町村の単独補助も期待が持てない中で、質の良いグループホームが四月の介護保険スタート時にどのくらい存在するのであろうか。東京都に千カ所と打ち上げた鳩山さんの計画を一度聞いてみたいものである。

「たのし家」と「うれし家」も介護保険指定業者を目指しているが、現在の建物の条件では認可されないため、知人や不動産を通して土地や家を探し始めた。住宅街の中にあって個室が六つ以上の一軒家はなかなか見つからない。土地を買って建てようと、見学に行ってはみたが、価格の高さに全く手が出ない。

そこで、私たちの窮状を新聞に載せてもらった。早速、二件の電話があり、一件は私たちが希望している条件にピッタリだったので建物を見学させてもらった。個室は九室あり、台所や居間も介護保険の基準をクリアしている。その後、世話人とスタッフも見学に行ったが、アパート形式の建物にスタッフはショックだったと言っている。

家族的な雰囲気が失われる、目が行き届かない、当直が大変など「たのし家」・「うれし家」と比較しマイナス面を強く感じたのだろう。最初に一人で見学に行った私も同感のところはあったが、介護保険に則した運営にすれば、お年寄りの生活スタイルが変わる。個人を大切にすることで作られた個室基準が、お年寄りの生活を窮屈にしかねない危険を感じている。

グループホーム日誌

四季を“肌”で感じる

グループホームの入居者とデイサービスの利用者が、赤組、白組に分かれて「運動会」を開いた。玉入れ競争の場面

今年の夏は暑い日が続き、お年寄りが体調を崩さないために「たのし家」と「うれし家」に冷房機を増やした。一階、二階の各部屋とトイレにも涼しい風が入るように工夫した。冷房機の購入資金は、全労災の補助金を充てた。また、市民から寄贈された冷房機も利用した。

涼しくなって皆さんさぞ快適な生活になっただろうと行ってみると、入居者の方々は、あまりありがたみを感じていない。年を取ると皮膚感覚が鈍くなるが、痴呆になるとそれがさらに強くなる。暑い日でも何枚も着込んでしまい、脱がせるのが大変である。他人の洋服を着るトラブルもよく起こる。

トラブルの原因は、物に対する執着心から起こるためで、暑さ寒さとは関係ないが、ただ皮膚感覚は肌に刺激を与え鈍らせないことも必要である。おふろも、入りたくないためにさまざまな理由を言う。それぞれの特性をつかみ、入浴させるテクニックを習得したスタッフの手によってうまくいくようになった。

また、散歩を日課にしているが、寒い日に散歩したその夜に風邪をひいたのがきっかけで肺炎になった男性入居者がいた。これはスタッフの状況判断の誤りとして反省している。しかし、四季を肌で感じることの喜びや地域の人との出会いを大切にするために外出を心掛けている。

外出に最適な秋は短い。このところ行事が結構入っていてその話を聞くだけでも楽しくなる。地域の運動会への参加、芋掘り、公園への散歩など、楽しそうなお年寄りの顔が浮かんでくる。その中でも一番楽しかったのは「たのし家」の部屋の中で行った運動会の写真をを見せてもらったことだ。グループホームの入居者とデイサービスの利用者が赤組と白組に分かれて、綱引き、玉入れ、パン食い競争、仮装行列などを紅白の鉢巻き姿で競っている姿は、入院している私の心をいやしてくれた。

痴呆でなかったら、ばかばかしいと参加しなかっただろうと思われる元会社社長や元エリートサラリーマンも必死で綱引きしている姿があった。選手宣誓をしているOさんは最近夫をなくしたばかりであるが、それから嫁につらく当たるようになったため、家族はデイサービスからグループホームの入居を希望している。

運動会の写真の中にMさんの姿がない。Mさんは痴呆と言われ、精神病院の個室で薬漬けになり毎日ぼーっとして暮らしていた人である。家族がグループホームのことを知り、ぜひ入居させたいと希望してきた。お試し入居してもらったが、スタッフは暴力や徘徊などで手に負えないと結論を出しそうになったので、連携している病院で治療してもらった。

その結果、軽い痴呆はあるがほとんど自立しており、元学校の先生という習性が他の入居者を説教するという形で困らせているのだった。Mさんがばかばかしいと言って運動会に参加しなかったのはよく納得できた。

必要なボランティアの力

お正月、ボランティアと一緒に過ごす「たのし家」のお年寄り

日本でボランティアという言葉が一般化したのは阪神大震災の時であった。私は個人的にはボランティアという言葉は好きではなかった。というのは、これまでのボランティアのイメージは無責任という色が濃かった。

しかし、「陽だまりの家」を開設して分かったことだが、ボランティアの力を借りなければ運営は不可能である。ボランティアは必要不可欠である。また、地域への広がりや理解を得るには必要不可欠である。市民団体が運営する現場は認知度が低いためか、なかなかボランティアが集まりにくい。

そんな中で「陽だまりの家」が多くのボランティアに恵まれてスタートできたのは、外に向けて声を上げ続けてきた成果であろう。

しかし、興味を持っている間は続いたボランティアもなかなか定着しなかった。ボランティアの意識は様々で、自分のしたいことだけする人、言わなければしない人、口先だけの人などこちらが翻弄されることが多々あった。

ある日のこと、「陽だまりの家」でパンを焼いて食べようということになり、材料が用意された。お年寄りが自分の好きな形につくり、焼く行程を楽しんだ。イーストの香りに痴呆のお年寄りの五感が刺激されいい顔になってくる。

しかし、後で聞いた話だが、パンを作ることが得意なボランティアが二人いて、天然イースト菌と合成イースト菌の意見の食い違いで論争があったらしい。

この二人の確執はなかなかとれず、他の理由もあるが、この些細な一件がきっかけとなって一人はボランティアをやめてしまった。

一方、自分がしたいことだけをするボランティアに対して、スタッフが注意できなくて困ったという報告を受けた。

毎週一回当直ボランティアに入っている人が、自分の仕事を持ちこんで携帯電話が頻繁に鳴る。呼び出し音でお年寄りが目を覚ますのではないかとスタッフは心配していたので、私はお年寄りを守るにはボランティアに意見を言う必要があるとスタッフに言った。

かといってボランティアが必要ないかといえばそうではない。色々な人が関わらなければ密室化してしまうし、地域色が出てこない。

また、色々な人の能力を引き出せる土壌もできる。そして、ボランティアも施設もお互いに育ち合う関係を作っていかなければならない。このところ、グループホームのボランティアに学生が多くなっている。

出会いから数カ月、彼らの様子をうかがっていると、顔つきや考え方がはっきりと違ってくる。あまり、他人に興味を持たない若い人たちが、痴呆の人に接しているうち、知らず知らずに他人に興味を持ち、近づいていくのである。

グループホームで痴呆の人たちとつき合っていると、いつもせわしなく生きている周囲の人々の心が癒されていくのがわかる。

若い人が良い方向に変貌していく姿を見ると、日本の未来への希望が持てる。これからボランティアの人たちが、地域社会に新しい社会的価値を築いていくだろうと期待している。

「陽だまりの家」を始めた頃は、ボランティアに挫折しかけていた私も、最近はどんなボランティアに会えるか楽しみになっている。つくづくお互いに未熟だったと考えさせられるこの頃である。

グループホーム日誌

心に響く尺八の音色

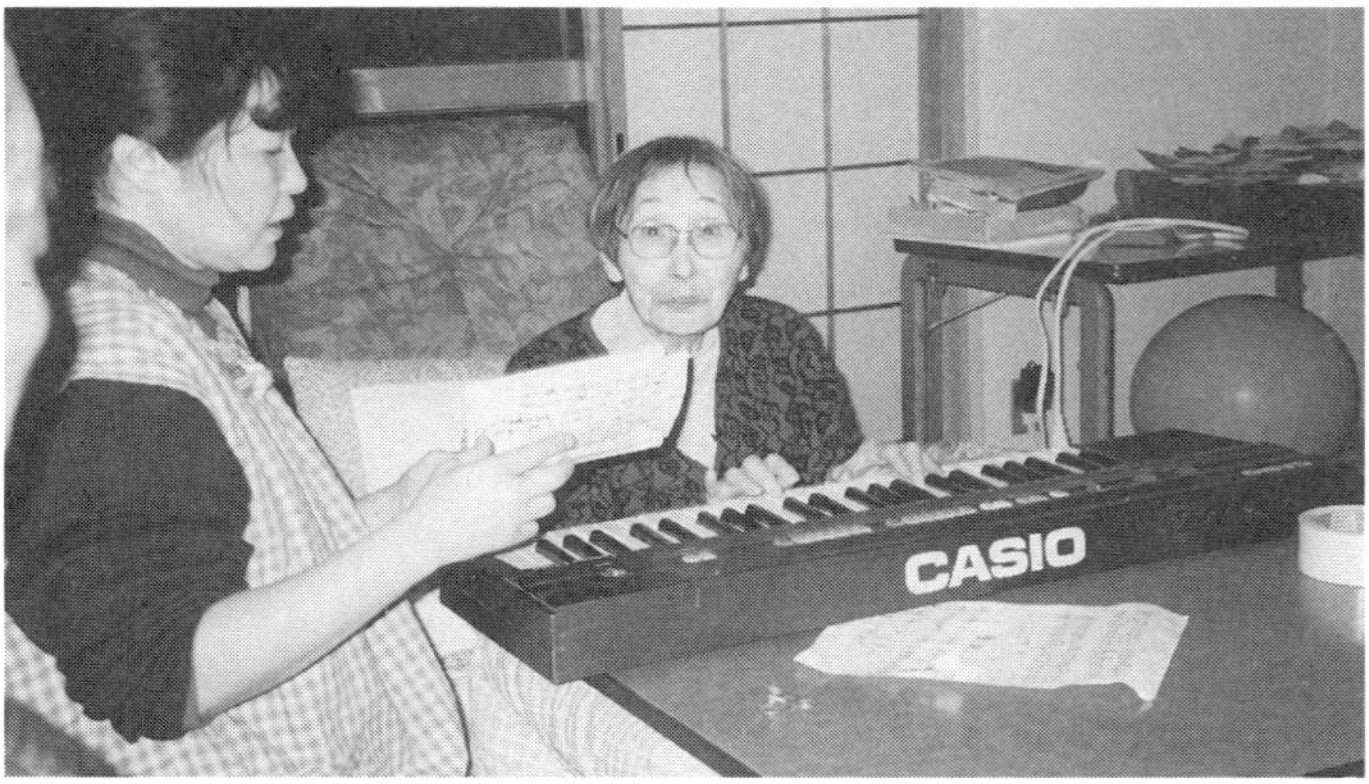

合唱団に入っていたOさんは、歌が大好き、
Oさんのひくエレクトーンに合わせて皆で歌う

来年の一月八日に、大宮市民会館でチャリティー講演会と演奏会を開く。大宮で開催するには訳がある。生活介護ネットワークの世話人の中には大宮在住のメンバーが多い。しかし、運営しているデイサービスとグループホームは与野と浦和だけで大宮にはない。介護保険がスタートするのを機に、大宮でも是非グループホームを作ろうと話が盛り上がった。

市役所を何回も訪ねてこちらの意欲を伝えてきた。従って、大宮でイベントを開くことで市民にグループホームを知って理解してもらう、ひいては協力して欲しいとの願いを込めて開催することにした。

もちろん準備資金を集める目的もある。講演して下さる本田桂子さんは作家の丹羽文雄氏の娘である。アルツハイマー病である丹羽氏を長い間介護してこられ、その体験をお話くださるのだ。演奏会は岡山の内科医師である岸本先生が、アメリカのエミー賞を受賞した腕前の尺八を披露してくださる。岸本先生は、数日前大宮まで打ち合わせに来てくださった。

退院して日の浅い私を心配して下さったが、一月まで会える機会がないと思い、重いからだを運んでいった。打ち合わせを終えると、「たのし家」「うれし家」に行って尺八を演奏しましょうと言ってくれた。私も久しぶりに皆に会えると喜んだ。

まるで初めての所に行くような気持ちになった。一カ月以上も会わなければ、痴呆や体力低下が進んでいる人もいるだろう。もちろん私の顔を覚えているとは思っていなかったが、それでもAさんに「あなた様は誰?」と言われると少しがっかりした。痴呆と分かっていてもつい忘れてしまうのである。しかし要介護認定で自立か要介護度一くらいかしらと言っているMさんが「あら、久しぶりね」と言ってくれたのはやはり嬉しい。

デイサービスのSさんの行動が鈍くなっている。スタッフに聞くと「妻に対する命令調の態度が変わってきたようです。今まで、妻に『おい、起きろ』と言っていたのに『すいません、起きてもらえませんか』と言っているのは他人だと思っているからでしょう」と報告された。不安そうなSさんの表情に、これまでの元気が失せたのを感じた。

Sさんを含めデイサービス利用者の四人、グループホーム入居者の六人、そしてスタッフの前で尺八の演奏が始まった。

椅子の上でずっと眠っていたMさんがソーラン節の「ハイハイ」のところに来ると突然目を覚まし、歌いながら手拍子を打ち始めた。音楽好きなOさんも、二階から降りてきて大きな口を開けて歌に加わった。

最後に、もののけ姫の演奏が始まると、MさんとNさんが「涙が出てきた」と言って泣き始めたのである。尺八の音色が彼女たちに届いたのであろう。他の人たちの顔も穏やかで幸せそうであった。この幸せが一月八日の演奏会で多くの人たちに届くことを願っている。

「たのし家」開所１周年をむかえて

グループホーム日誌

「たのし家」の入居者、家族、スタッフとボランティアで大宮公園へ

十一月二十三日は、「たのし家」が開所して一年になる記念すべき日である。どんなお祝いをするのか「たのし家」に電話すると、何も計画していないと言う返事だったので、「ケーキでも買って皆で祝って欲しい」と頼んだ。

一年前のこの日は、二人の入居者を迎え、どうなるか心配で夜中までスタッフと見守ったものだ。家族の元を離れ、他人と暮らす一日目は混乱があると想像していた。ところが、落ち着いた状態で朝を迎えることができた。二人の入居者はデイサービスを一緒に利用していた同士で、かつスタッフも見慣れた人たちであったからだろう。

また、家も普通の一軒家で、これまで住み慣れた自分の家とあまり差がないことも大きな要因である。ところが、この「たのし家」と「うれし家」は今、大きな岐路に立たされている。介護保険のスタート時に、グループホームの指定事業者になりたいと考えているが、今の建物では部屋数（五ないし九室）や部屋の仕切りが基準をクリアできないからである。最近、厚生省が新しい基準を出したが、部屋の仕切りはカーテンやパネルなどでは不可、広さは四畳半以上とさらに厳しくなった。

従って条件の合う建物を探すか、土地を見つけて新築するかの選択を迫られている。「たのし家」と「うれし家」の新しい住まいをどうするのか探るため、「家族の会」を開き、生活介護ネットワークの世話人、スタッフも同席して話し合った。まず、介護保険の中でのグループホームの位置付けと、入居者が要介護認定により給付を受けて行う運営はどうなるのかを話した。

その上で、今ネットワークに寄せられている三件の土地、建物について説明した。一つは、個室が九室あるアパートのような一軒家で、家賃を払って借りる。二つ目は、ある会社が駐車場として使用している土地に借地料を払って家を建てる。三つ目は、特別養護老人ホームを運営している社会福祉法人が自分の土地に家を建て、それを私たちが委託されて運営するというものである。

「家族の会」はこれまで第一火曜日に開いてきたが、新しい家族が加わり、働いている人も考慮して、日曜日に開くことにした。その一回目は入居者全員の家族が出席し、いろいろな意見が出され、入居者のことを本音で語り合う会となった。運営する私たちも家族も思いは同じで、入居者のお年寄りの方たちにとってどんな暮らしが一番望ましいか、ということである。壁でがっちり仕切った個室より、人の気配のする緩やかな個室のほうが、落ち着いて生活できると家族は言う。

「たのし家」の部屋の仕切りはカーテンで、隣同士は気の合う組み合わせにしている。相手の姿が見えるので安心できるらしい。夜中にハンドバックを抱えて二人手をつないで二階から降りてきたり、隣の人が外泊して姿がないと探し回ったりして落ち着かなくなる。また、家族から「今の『たのし家』のような家族的な雰囲気の建物が、私たちも遊びに行きやすくていいですね。自分たちでお金を集めて理想のグループホームを作りましょうか」という意見も出た。

自分の家族のことだけでなく、他人と家族を作ることがどんなに素晴らしいか、また、その為に努力を惜しまないと言われ、とてもうれしくなった。

グループホーム日誌

スタッフは「資格より人間性」

生活介護ネットワークの畑で「トウガン」を持ち上げる入居者だったHさん

食事の時に、Sさんが歯が痛いと訴えた。スタッフが口の中を見ると入れ歯が当たって歯ぐきが真っ赤になっていた。「痛そうなので歯医者に連れていきたいのですが」と相談を受けた。日ごろ、在宅で歯科治療をしてくれる歯科医と連携を取るように電話番号を教えていた。いい機会なので連絡を取るのかと思っていたら、また電話がかかってきて「歯を痛がる原因がわかりました」と言う。

SさんとAさんの入れ歯が入れ違っていて、Sさんの大きい入れ歯を入れていたAさんは何の抵抗もなくおいしそうに食事をする一方、小さい入れ歯を無理して入れていたSさんが痛がっていたという。もしかしてと思ったスタッフが入れ歯の上下を合わせて分かった。勘が働かなければ、歯科医に連れていっただろう。病院嫌いのお年寄りに無駄な不安を与えるところだった。

生活介護ネットワークが運営している現場は「たのし家」「うれし家」「陽だまりの家」の三ヵ所である。常勤スタッフ八人とパートスタッフ十人で運営している。スタッフを雇うときに大切にしていることは、資格よりも人間性である。お年寄りが好きかどうか、全人的に見てつき合えるかどうか、自分の考えを持っているかなど面接の時に話を聞いて採用する。三日間はボランティアとして入ってもらい、そこでお互いに納得できたら二週間パートスタッフになってもらう。さらにお年寄りとお互いの関係が通じ合ったら常勤スタッフとする。

家族へのさまざまなつき合いが始まるので、長続きしてもらうことが大切だ。スタッフの出入りが激しいと、お年寄りが安心して落ち着いて暮らせなくなる。現在勤務しているスタッフはそれぞれの個性を発揮し、入居者の方々も喜んでいる。

その一人「陽だまりの家」のスタッフのTさんは、生活介護ネットワークの畑の係である。無農薬で作る野菜はとてもおいしくて皆の食卓を楽しませてくれる。何よりもいいことは、種をまいたり収穫したりして成長を楽しめることである。また、散歩コースとして、車で遊びに行く場所としても最高の環境である。隣接している畑の方々と仲良くなり、野菜のおすそ分けをいただくこともある。

お年寄りが外出したがったり、落ち着きがなくなったりするときに畑に行くと顔が穏やかになる。最近、芸術療法として園芸、陶芸、音楽、動物などが話題になっている。しかし、療法と言えば効果を求めてしまうので逆効果になりかねない。だから私たちはごく普通の生活の中で、音楽を聞いたり、踊りを見に行ったり、畑で花を作って鑑賞したりしている。自然に生活の中に取り入れることで、お年寄りの心は開かれたり、安らいだりするのだと思う。

お年寄りの方々は、自分たちがこれまでやってきたことは進んで手伝ってくれる。畑でとれたズイキや大根を干すのにひもを丁寧に縛ったり、渋ガキをむいて干しガキを作ったり、スタッフより手慣れた動きには驚かされる。グループホームの理念である「ゆっくり」「一緒に」「たのしく」は息づいていくことになる。

増えて欲しい参加できるイベント

グループホーム日誌

チャリティーショーを見に行く途中、
レストランで夕食をとる入居者とスタッフ

ライオンズクラブが主催するチャリティーショーに「たのし家」と「うれし家」の人達が招待された。昼間出かけることはよくあるが、夜のお出かけは滅多にない。しかもショーの内容はバンド演奏とフラメンコショーと歌である。「たのし家」に行ってみると「うれし家」の人達も集まり、賑やかに盛り上がっていた。

「たのし家の人達はばっちし決めましたよ」と言っているのはお化粧係のスタッフAさん。髪はピカピカ光るピンクのピンで飾ってある。化粧をして素敵な衣装のお年寄りの人達は生き生きとした表情である。いざ出かけるとなると支度に時間がかかる。夕食を作る余裕がないので外食することにした。たまに雰囲気を変えて外食すると皆大喜びである。全員一人ずつメニューを片手に悩み始めた。

お年寄りの人達は、落ち着かないでレストランの中をうろうろ歩く人、どれにしようかと悩んでいる人、好きなことを言っている人など様々である。誰か決めないと、なかなか決まらないのはスタッフもお年寄りも同じである。結局、人気メニュー三種類に集中した。お年寄りの食欲は旺盛で、食べ残したのは若い人達だった。

　足腰の弱った人もいるので車に乗り移るのが大変である。会場に入ると既にバンド演奏が始まっていた。招待席が一番前に用意してあった。ところが、想像を超えるハプニングがあった。食事の時から落ち着かなかったYさんが、舞台に向かって「ばかやろー、止めろー」「実家へ帰れー」と大声を張り上げ始めたのである。一瞬、会場内の空気が凍るように感じた。

　しかし、私は、主催者側が痴呆性老人の集団として招待してくれたと自分に言い聞かせ、お年寄りと一緒に座っていた。ところが、今度は睡眠をとらずにハイの状態のSさんが、山形弁で「めんこいなー、素敵だなー」と叫び始めた。二人のひっきりなしの叫び声は会場内に響き渡った。スタッフは楽しそうに笑っている。一番前に座っている二十数名の集団を、一般客はどう見ているのだろうと少々気にはなったが、図々しく座りつづけた。二人は飽きることなく大声を出し続けた。

　ライオンズクラブからグループホームに金一封を頂いた。それを当日の夕食代と忘年会の資金にするというとスタッフは喜んだ。お年寄りが仕事に行って稼いだような感じがした。フラメンコショーが終わると八時になっていたので、帰り支度を始めると、NさんとAさんが「あら、もう帰るの」と言ってなかなか席を立ってくれない。トイレに行きたい人もいて、劇場の外に出るのが一苦労であった。

　しかし、痴呆の軽い人が、足腰の弱い人の面倒を見ていた。入居者同士の助け合いを見て私は嬉しかった。会場を後にしながら、障害者や高齢者が参加できる演奏会や舞踏の公演がどんどんできて欲しいし、またそれを理解する人達も増えつづけて欲しいと思った。大声を出し続けたYさんは、ぐったりとして翌日は寝込んでしまった。他の人達も興奮して夜寝なかったらしい。

グループホーム日誌

スタッフも家族も心を一つに

グループホームの入居者、スタッフ、家族そして地域の人たちと一緒に楽しんだクリスマスパーティー

今年もあと一日残すだけとなった。この一年、私にとってグループホームと共に歩んだ年だったと思う。喜びも悲しみも皆と一緒だった。グループホーム入居を楽しみにしているSさんのお葬式が正月明けてすぐにあった。夏には、Kさんがグループホームに戻ることを楽しみにしながら他界された。入居されていた三人が事情があり、施設と病院へ行かれた。別れは皆にとって切ないものだ。しかし、心の中では一緒に生活しているものと思っている。

楽しいこともいっぱいあった。地域の人達との接点が持てたことで、地域の行事に参加した。温かく迎えてくださったことで、入居者とスタッフは安心して毎日の生活が送れる。また、家族の関わりもより深くなり、真情も気軽に吐露されるようになった。入居者を通じて強い絆で結ばれている。

十二月に入り、チャリティーショーに参加したり、グループホーム合同のクリスマス会を開催したりして、入居者の方々も忙しい毎日を送っている。また、家族の方々もグループホームの引越しの件で話し合いをしたり、介護保険の調査に立ち会ったりして、頻繁にグループホームに出入りしている。

スタッフもイベントの企画や入居者のインフルエンザの予防接種のため病院に付き添ったり、そして、二〇〇〇年問題対策で慌ただしい日々を送っている。大晦日から元旦にかけて何か起こったときに当直が一人であるため、入居者の方々は実家に帰ってもらおうということになった。しかし、事情が許さない人はそのままグループホームで新しい年を迎えることになった。結果的に、実家に帰る人はほとんどいなかった。むしろ家族がグループホームに泊まってもいいとおっしゃっている。

慣れたところが一番いいと言うのが家族の意見だ。住み慣れた家で暮らし続けたいとの家族の思いは、要望書として二十二日に県に提出された。今の住居では介護保険の指定事業者になれないため、別なところへ引っ越す検討をしているが、家族の本音は今のまま住み続けたいということだ。

要望書は家族の会の代表のNさんの名前で提出された。「たとえ部屋の仕切りがカーテンであってもプライバシーは保て、気持ちも落ち着きます。なによりも人のふれあいを求めています。スタッフの方々も大きな施設と違い、余裕をもってその人に合ったきめ細かい世話ができます。また地域とのかかわりも重要です。わたしたち家族も自由に出入りできます。このような状況で一年あまり過ごした入居者たちは、一段と元気になり、お互いに助け合いながら気持ちよく楽しく生活しています。生活介護ネットワークを介護保険の指定居宅サービス事業者として認めて下さい」という内容である。

県との話し合いで家族は積極的に発言された。「四月から入居料の値上げも考えたが、家族が経済的に支えられない」「今まで二人部屋にいたが、個室に移って混乱している」「箱に入居者を合わせるのでなく、入居者に選ばせてほしい」などの家族の発言を聞きながら、皆が早く安心できるように、生活介護ネットワークも来年は心を新たに頑張らなくてはいけないと思った。

これから、それぞれのグループホームでは家族も参加して忘年会や新年会がある。入居者が、住みやすいところで生活できるよう、スタッフも家族もそして私も心を一つにしていきたいと思う。

グループホーム日誌

「うれし家」の新年会

「うれし家」の新年会で、手品を披露する入居者の家族

暮れからお正月にかけては何のトラブルもなくグループホームも新しい年を迎えた。三日の朝、「うれし家」の施設長から電話があった。「今日、家族と一緒に新年会を開くのですが、来てもらえませんか。『うれし家』の方にはなかなか来てもらえないので、皆寂しがっています」と言われた。

新年会は、家族が食事の用意と片づけをしてくれ、スタッフも全員集まり食事をする。昨年、「たのし家」の新年会に招待され、家族が用意したごちそうがいっぱい並んでいて驚いたものだ。お手伝いもしないで食べさせていただくのは悪いと思っていたが、参加するつもりでいた。施設長に言われて考えてみると、確かに私の足は立地条件と建物の開放感がある「たのし家」に向くことが多い。

また、デイサービスもあるので、行くと賑やかな雰囲気にはまってしまう。一方、「うれし家」は二軒目のグループホームで「たのし家」より馴染みが薄いということもあるが、建物の造りが「こんにちは」と飛び込んでいく雰囲気にかける。また、痴呆の重い人が多いので時間をかけて会話して雰囲気を作り、その人に近づかなければいけないので、時間を作ろうと思っているうちに足が遠のいてしまった。「たのし家」は人の出入りが多いのだから「うれし家」に足を運ぶべきだと反省した。

十二時からの新年会に行ってみると、Ｏさんの頬が赤く腫れている。スタッフに事情を聞くと、凧揚げに行って転んでしまったという。「今日は驚くほど体がシャキッとして自分で立ち、人の手を借りないでさっさと歩いて行ったんです。とても喜んでいると思っていたら車止めに足をとられて転んでしまいました」と言う。足にはこぶができて痛々しかったが、元気でごちそうを食べていた。

家族が「こんなに元気な日に介護保険の調査員が来なくてよかった」と言う。

最近入居したＯさんの息子さんは、要支援になるのではないかと心配している。私も、他人の前ではしっかりした母親になるＯさんを介護者と間違えたことがある。Ｏさんの息子さんは四人兄弟の末っ子で最近まで両親の介護をしていた。

在宅でがんの父親を見送ったばかりである。残された痴呆の母親を自分と妻で見守りたいと言う。「うれし家」に毎週訪れている。介護の問題がきっかけで、兄弟の間に確執がおきて絶縁することは少なくない。「口は出さなくても手とお金を出してくれればいいですね」と言ったら「何も出してくれません」と言われた。

「たのし家」「うれし家」の家族を通して血縁関係の難しさが見えてくる。他人同士でわかりあえる関係を作った方が血縁より心が休まることを身をもって知り、感謝しているという家族の言葉を思い出した。新年会でＯさんの息子さんが手品を披露してくれた。千円札が一万円札になる手品を見て、「どんどん一万円にしてくれたらグループホームが建つのにね」という言葉が出て、一同大爆笑となった。

❷ 晴れ　ときどき　お出かけ

外出が好きな入居者の人達は、お天気がいい日には近くの公園に散歩に出かけます。

ちょっとものの足りなく、菖蒲園へ行ったり、小動物と遊びに行ったりもします。

毎年行っている一泊旅行は、家族もスタッフも一緒で、大家族旅行になります。皆で気分転換はできるし、お互いの気持がもっと近づく時です。

また、お祭り事も大好きで、誕生日パーティーや年一回のクリスマスパーティーなど行事は盛りだくさんです。

あじさい館一泊旅行顛末記

●出口　泰靖

にぎやかに奥武蔵に向かう

ジリリリ……。目覚まし時計の音が部屋に鳴り響いている。うーん、もうひと眠りーっと。ムニャムニャムニャ……と寝てる場合じゃないぞ――！今日は。「陽だまりの家」の一泊旅行の日じゃないか――。支度もそこそこに集合場所の大宮駅前に向かう。

幸いにも、皆さんは私を置いていかずに待っていてくださったが、皆さんの顰蹙を買ってしまったようだ。以下は、そんな極楽とんぼな私による、宿泊旅行の粗描である。

日は折りしも八月二四日、まだ暑さは残っているとはいえ、盛りは過ぎゆくのを感じる。

利用者の方はじめ、ご家族、スタッフやボランティアの皆さんも、この日を楽しみに待ち望んでいたらしく、一人ひとりの挨拶やおしゃべりの声も弾み、貸し切りバスのなかの空気が心なしか軽やか。何がいいって、天気が良いやね。絶好の行楽日和。木々の葉が陽に照らされているのを見て「葉っぱがツヤツヤしているわね」と何度も感じ入る方もいる。

向かうは、飯能にある、奥武蔵あじさい館。トイレ休憩をはさんで、目的地へ向かう。

次第に山道に分け入り、渓谷のような景色や、川遊びに興じている人々が目に映り出すと、だれかれなしに窓の外の絶景に歓声が上がる。

歌って踊って大ブレイク

あじさい館に着くと、バスから降り、涼しげな川縁でござやシートをしいて、弁当を広げて皆でいっしょに賑やかな昼食のひとときを楽しむ。いつものミニデイでみんなとご飯を食べるのもよいもんだが、こうして川のせせらぎやまわりの景色を愛でながらノンビリと時間を過ごしたり、靴を脱いで冷たい川の中に足を浸して一時の涼をとったりするのも、これまた格別。岡田さんが人を次々と変えては手にとって踊っているのが川面に映える。

夕食では、ご馳走に舌づつみをうち、皆のおしゃべりにも軽やかさが増す。夕食がひととおり終わったころには、皆のリクエストで前田さんのハーモニカに合わせて、大合唱。ちょっとしたママさんコーラス、いや男女混声大合唱団。その余韻を残したまま、大カラオケ大会に。岡田さんはメロディにあわせて皆と踊ったりして、昼よりもさらに大ハッスル。渡辺さんもマイクを握る。

そうそう、もう一人、大ブレイクした子にナオちゃんがいたっけ。ぞうさんを唄うのが好きなナオちゃん、「星影のワルツ」を前田さんと一緒に唄う（!）のには、皆ぶったまげていた。この宿泊旅行の盛りあげ役は、どうやらこのナオちゃんに軍配があがったようだ。

旅は道連れ世も道連れ

「旅は道連れ世は情け」という。世を渡るには、旅先における道連れ同士の互いの助け合いのように、情のこもった親切さが必要である。この諺どおり、今回の宿泊旅行は、皆さん互いの支え合いや親身さ、仲のよさの大切さをしみじみと私に感じさせてくれた。

まるで「陽だまりの家」での暮らしを濃縮させたようなこの旅に道連れできたのは、とても有意義だった。「いやー、旅っていいもんですね」。

家族

あわてずゆっくりを実感

安達　泰子

眩しい太陽を窓辺に、交通渋滞もなくバスは、飯能市あじさい館に到着。

思いもかけず、昼食は川辺での楽しいひととき！　水遊びや音楽にあわせて踊ったり、笑い声と大きな歓声が全員からあがりました。

皆さまの優しい眼差し、語らい、そして心温まる介護を、日々にも増して感じます。家族のなかだけでは、つい母を叱るような言葉になってしまうのですが、こんなに豊かな心で接することができる――やはり家族だけでは限界があるのかもしれません。

介護スタッフの皆さまに支えられ、他の家族の方々と交流を持ち続けながら、今後もあわてず、ゆっくりと母を見守り続けていきたいと改めて思う日でした。

スタッフの方々への感謝とともに、「陽だまりの家」のますますの発展をお祈り申し上げます。

家族

とても楽しく過ごしました

仁礼　和子

あじさい館に着き、礼儀正しいお出迎えをうけ、早速みんなでお弁当を持って川原に移動した。ごろごろした石の間に手際よくござやシートを敷いてくださり、冷たいお茶やお饅頭もいただいた。もうすっかり私はお客さま気分でうれしかった。

川原での昼食がおいしかったことに加え、心地よい風が私たちを歓迎してくれた。坂田さんのお子さんが一行に加わっていらしたことも楽しかった一因であったと思う。

少し待ったあと、各部屋に入った。利用者はスタッフやボランティアの方々と組んで、家族は別の部屋に割り当てられた。私の予想していなかったことなので正直びっくりした。家族のものがゆっくりできるようにであろうか。

夕食のあとは、前田修さんのハーモニカ演奏。五〜六本のハーモニカ、参加者全員にも楽譜、楽しい合唱。そして大好きなカラオケ大会。

翌朝、起きて散歩に出かけると、千代さんは北見さんと元気に散歩から戻るところ。「朝風呂も済ませたのよ」とご機嫌な声が返ってきた。私たちが散歩から戻るころ、食堂で朝食をいただく姿が遠くに見かけられた。すべてのお世話を気持ちよくしてくださりほんとうにありがたいと思った。

今回の大旅行は、計画、下見、実施と大勢の方々のご協力の成果と思いますが、利用者四名に対して総勢二五名、そしてバラエティに富んだメンバーの参加があったことで、とても楽しく過ごさせていただけたのではないかと思いました。

スタッフ 眠たくないですか

田島　信子

暑い夏も終わりに近い八月の末に、昨年から計画していた「陽だまりの家」ミニデイサービス最後の行事となる「あじさい館一泊旅行」が実施されました。

同室だった岡田さんは、朝は五時起きで参加され、バスのなか、川原での昼食と得意のダンス、入浴と夕食、それに九時までのカラオケタイムと、数々のスケジュールを元気にこなされました。

また、部屋に戻ったときのことですが、履いていたスリッパを脱ごうともせず、大きな鏡のなかの自分に向かって、にこにこと話しかけられ、それが二時間ほど続き、部屋に入ると、敷かれた布団に横にならないで枕元に正座され、眠ったのはそれから一時間後のことでした。

ご家族のご苦労が身にしみた一夜でした。

スタッフ

露天風呂で気持ちよく

小泉　道子

三〇三号室は、渡辺さんを中心の四人グループでした。普段は家族にしか見せないであろう姿が拝見できることを心待ちに、バスに乗りました。ご主人と隣り合わせに座ったお二人は、とても幸せそうで、渡辺さんを皆うらやんでいたと思います。

途中下車をした休憩所でも車椅子ですぐご主人の側へ行ってしまう渡辺さんに、「また甘えちゃって」と言うご主人もまんざらではなかったでしょう。

家族の方が心配されていたお風呂も、喜んでなかなかあがろうとせず、のぼせないかと心配するほどでした。

夜、布団に入ってから手を伸ばして、ゴソゴソしてましたが、握ってあげると眠りに入りました。その後「痛いよう」という声で、びっくりしましたが、枕を膝下に入れてからは、よく休まれました。慣れないバス旅で、疲れたのでしょうか。

事務局

はだかのおつきあい

松本　裕美

いままで事務局は月～金曜日、ミニデーは土曜日と入れ違っていたので、お年寄りとお話しする機会があまりありませんでしたが、今回の旅行では仁礼さん、安達さんといっしょのお部屋で泊まることができて、ゆっくりとたっぷりお話しすることができました。

「あじさい館」のお部屋の中では、北見さんを中心に歌の練習をしたり、安達さんにおいしいお茶を入れていただいたりしました。

お風呂では、安達さんは泡のお風呂を楽しんだご様子で、仁礼さんと露天風呂へ行くと、渡辺さんご一行がもう入っていました。山の空気が涼しくて「とても気持ちのいいお風呂ですね」とみんなでまさにはだかのおつきあいができました。

前田さんのハーモニカ演奏やカラオケなど、語りつくせないほど楽しい想い出のつまった旅行になりました。

☆盛りだくさんのクリスマス会☆

●武田　美和子

寒さのなかにも春の訪れの近いことが感じられるこの頃ですが、皆さんいかがお過ごしですか？昨年十二月十五日（月）、浦和針谷公民館において「陽だまりの家」デイサービスのクリスマス会が行われました。当日は、利用者、家族、スタッフ、ボランティアスタッフ、会員など約四十名が集まりました。

「生活介護ネットワーク」の西村代表の挨拶で始まり、参加者の自己紹介。ちょうど、お昼からということで、配食サービス「旬」の品数豊富なお弁当、そしてデザートには、ボランティアスタッフの清嶋さんお手製のパウンドケーキ（甘さも控えめでとてもおいしかったです）をいただきながら、話も弾み、和やかな雰囲気となりました。

余興では、スタッフ小泉さんによるチターの演奏（柔らかい音色と、衣装もとても素敵でした）、カラオケなどで盛り上がりました。また、渡辺さんが「さくら」を歌われた時には、皆聞き入り、涙を流して喜ばれ

る方もいました。普段静かな渡辺さんが一生懸命歌う姿から目が離せませんでした。

そしてお待ちかねのサンタクロース登場（ボランティアスタッフの大熊君）。若くてかっこいいサンタさんに岡田さんが大喜びで、一緒にダンスをしながら見つめている光景も見られ、それがまたカップルのようで、実に微笑ましかったです。こうして、どうにかお天気にも恵まれ、楽しいひとときを過ごすことができました。

今後もお花見、旅行など、利用者の方だけでなく、家族、ボランティアスタッフ、会員、地域の方、大勢の人たちに参加していただけるような行事を計画していけたらと思っていますので、その際はまたどうぞよろしくお願いいたします。

☆　☆　☆

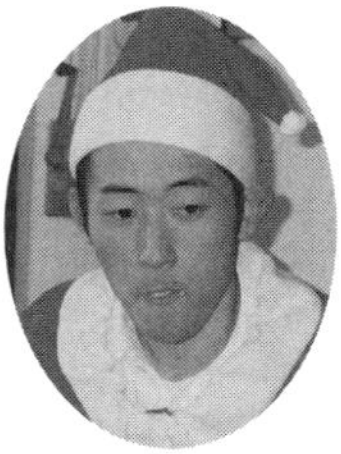

大熊康彦

私の陽だまりの家での〈初仕事〉は、クリスマス会のサンタ役でした。〈おまけ〉で参加したクリスマス会でしたが、周りの人の計略でサンタをすることになりました。このサンタはとても評判がよく（?）、私も楽しかったです。こうしてクリスマス会は無事に（?）終わったのですが、次の日に新聞を見てビックリ。なんと私のおまぬけなサンタ姿が載っていたのです。ひょんなことから陽だまりの家の顔になった私（笑）。次は全国紙に掲載されることをめざし、努力していきたいと思います。

たのし家オープニングパーティー

♬小さな種から大きな花を咲かせたい♬

●山中　和子

一九九八年十一月二三日にグループホーム「たのし家」という小さな種を蒔いてから、半年が過ぎました。利用者・家族・スタッフも新しい環境に慣れ、地域の方やいろいろな方々にもっと「たのし家」を知っていただきたいと思い、浦和市立大東小学校の講堂をお借りして五月二三日に、「生活介護ネットワーク・グループホーム・たのし家」のオープニングパーティーを開催いたしました。

第一部では、行政の方やたのし家をオープンするにあたってご協力いただいた方々に、お祝いの言葉をいただきました。

第二部では、参加してくださった皆さんに楽しんでいただこうと、講談の田辺鶴英さんに「人生回り舞台呆けさまざま」という題名で話をしていただきました。とても楽しくうなずけるところもたくさんありました。

フラメンコショーではダンサーの坂川明子さん・西村いづみさん、パーカッションのホ

セ・三浦さん（プロとしても大活躍）、フラメンコギターの福島さんによる、とても素敵なフラメンコショーを見せていただきました。身体中に響くほどの力強いステップでした。

最後には利用者と家族によるコーラス（曲目・われら人生六〇から／ふるさと／上を向いて歩こう）を披露していただきました。少し緊張したようですが、一生懸命練習した甲斐があり、楽しく大きな声で歌うことができました。

また、食後のデザートにはネットワーク会員の清嶋さんの手作りケーキを皆さんでいただき、とてもおいしく好評でした。そんなたくさんの方々のご協力を得て、無事にオープニングパーティーを終えることができました。ほんとうにありがとうございました。

❸ 仲間たちのまなざし

スタッフは、日勤と夜勤があり、全員が一緒に顔を合わせるのは月一回のスタッフ会議です。

毎日の暮らしの中で、お年寄りの方々とどう接して何を感じているのか、細かく伝え合う時間がありません。

「こんなふうに過ごしています」を『生活介護ネットワークニュース』に書くことで、自分の感じていることが皆に伝わります。また、お年寄りの方に対しての理解がお互いに深まることにもなります。

この記録を通して、スタッフのまなざしを感じていただけるでしょう。

スタッフ日記

ご家族にも居心地の良いところであるように

米谷　佐和子

毎月、季節のテーマを決めています

利用者の方一人一人のペースに合わせ、ゆっくりと時間は流れていきます。そんな毎日の中に少しだけ季節を感じられるようなテーマを毎月決めています。七月は「七夕」でした。

スタッフの一人が大きな笹を持って来てくれ、皆で折り紙を折ったり切ったりと、飾りつけをしました。「いつまでも健康でいられますように」「おいしいものがたくさん食べたい」等々…　お願いごとを短冊に書いてはつるして、「また、飾りが増えたね」と毎日皆で眺めていました。あの時のお願いごと、どうかかないますように。

八月は、陽だまりの家のＢＩＧイベント「一泊二日旅行！」…の予定だったのですが、突然の大雨で残念ながら中止。でも、いつかきっとまた、皆さんそろって行きたいですね。

九月は「敬老の日」。手芸の得意なスタッフの手作りで、男性の方にはループタイ、女性の方にはスカーフ留めをプレゼントしました。

皆さん、気に入ってくれたでしょうか？

来年も楽しみにしていてくださいね。

ご近所の方とのお付き合いも

一日の流れの中で一番季節を感じるのは、やはり散歩の時間です。よく行く所は、近くの公園やグランド場。車イスの方を「私が押しましょう」と、すすんで手伝ってくださる方もいます。こうした利用者の方同士の助け合いや気づかいもよく見られ、嬉しく感じます。

「これは何ていう花かしら？」

「柿の木もだいぶ赤くなってきましたね」

皆のそんな会話が聞こえてきます。すれちがうどこかのお年寄りがほほえみながら、会釈を交わしていきます。ベンチに座って一休み。子どもたちの遊ぶ姿を皆さん、目を細めて見ています。

散歩から戻るころには大好きなおやつの時間。もちろん、利用者の方のお誕生日には、ケーキにローソクを灯してお誕生会もします。

ゆったりした一日も、気がつけばあっという間。利用者の方たちが帰られた後、スタッフで今日一日を振り返ります。

「陽だまりの家」が利用者の方にとって、家族の方にとって、これからも、もっと居心地の良いやすらげる場所になれるよう、スタッフ一同努力している毎日です。

（一九九八・十号）

スタッフ日記

氷川神社に出かけたりしてのんびり過ごしています

福貫島　正恵

今年に入り、「陽だまりの家」の利用者の方が「たのし家」に入居されたこともあり、「陽だまりの家」の利用者が減りました。少ない人数だからできることをと考え、特別な行事としてではなく、利用者といっしょに午後にぶらりと氷川神社やイトーヨーカドーへ買い物に行ったり、外食に行ったり、ギャラリーに「相田みつを」展を見に行ったりと生活の中に自然に取り入れています。

そろそろ三月、桃の節句が近づいています。「陽だまりの家」でも雛人形を利用者の方といっしょに飾りました。家庭の延長のようなこの雰囲気を大切に今年もゆっくり、のんびり、楽しく一年を過ごせたらいいなと思っています。

（一九九九・二号）

スタッフ日記

お隣の大東小学校に授業参観に行きました

斎藤　誠

朝、八時、グループホーム「たのし家」の前は子どもたちの声であふれる。そう、「たのし家」は浦和市立大東小学校の前にあるのだ。散歩の時も「こんにちは」と気軽に声をかけてくれる子どもも多い。そんなときの「たのし家」のみなさんの表情は何とも言いあらわせない素敵な顔になる。

「たのし家」は、当初より地域に根ざした所になればと願ってきた。幸い近所の方は親切で、小学校も、校長先生を先頭に学校全体で歓迎してくれそうである。そんな折、学校より授業参観のお誘いを受けた。楽しみにしていた交流だが、いざ出発となると「寒いから行かない」「今度でいい」などという声がチラホラ。それでも何とか学校へ。国語やパソコン、体育など子どもたちが目を輝かして勉強している。するとどうであろう、さっきまで嫌がっていた皆さんが子どもたちに負けない素晴らしい表情に変わっていた。

学校側の対応も、お茶の時間を設けていただいたりと大歓迎であった。学校から帰宅したあとも子どもたちの話でもちきりだったのは言うまでもない。いつもと違う笑顔に地域や子どもたちとの交流の大切さを改めて認識した一日であった。

（一九九九・二号）

スタッフ日記

新聞紙で作った棒とヨガを使った「陽だまり元気体操」

山田　勝子

新しく利用者三名を迎え、現在の利用者は男性五名、女性二名。スタッフ二名とボランティアの協力を得て、週二回（水・土）、デイサービスを行っています。以前は女性のほうが多かったのですが、最近では圧倒的に男性が多く、ときには全員男性の日もあります。

利用者どうしでお話をしたり、自分の思っていることを表現するのが難しくコミュニケーションがうまくとれません。

そこで身体を動かすことにより、気持ちがだんだんリラックスしてくるのではと、新聞紙で作った棒とヨガを使った「陽だまり元気体操」をとり入れています。メニューはその日のメンバー、体調などによって変わります。

「無理なく楽しく」がモットーなので、途中でおしゃべりに花が咲いたり、今日は〇〇の日から始まって、昔の話になったり、ゲームをしたり、ときには誰かの考案したメニューをとり入れたり…と

なかなか終わりません。いろいろな場面で、一人一人の心のひだに一瞬でも満足な思いが残ればと願っています。

足の裏のツボ療法になるころには、台所の方からプーンと新米の炊けるおいしそうな匂い…。午前中はこんな感じで過ごしています。

……そろそろお腹も空いてきましたので今日はこれで終わりにします。ちなみに今日のお昼のメニューは、栗ご飯・筑前煮・天婦羅・茶碗蒸し・冬瓜のお吸い物。敬老の日メニューでした。

（一九九九・十一号）

スタッフ日記

昔の面影、明るい表情など、毎日、新しい発見があります

山田　正恵

デイサービスには、グループホームのお年寄りを含め、合計十二名の方が通われています。ご家族が送迎してくださる方もいますが、ほとんどが「たのし家」の素敵な（？）送迎車を利用され元気に通われています。中には「ただいま！」と挨拶して玄関から入ってくるお年寄りもいます。利用回数はまちまちですが、皆さん顔なじみになり、お年寄りどうし、スタッフとも気兼ねなく楽しめる仲間・友だち作りができているように思います。

一日のスケジュールは特に作っていません。これは、お年寄りの個性やそれぞれの生活のペース、痴呆の程度に合わせるためです。決まっているのは、到着次第行う健康チェック、昼食・おやつの時間くらいです。その他の時間は、お年寄りの大好きなボール投げ、風船バレー、いっしょに作った手作りの棒での体操、カラオケなどをして過ごしています。

人の集まったところが苦手な方には、ほかのスペースで過ごしていただいたり、台所仕事や庭の手入れ、洗濯など、お好きなことをできるだけ自由に、スタッフが見守る中でやっていただいています。その他、季節の行事も大切にしています。今ここで生きている、という実感を味わっていただきたいと思っています。たとえば六月は、菖蒲苑に行きました。七月は七夕飾りをしたり、八月には飯能に行ったり、かき氷を作ったり、九月には近所の小学校の運動会に行きました。

そういった時間の中では、お年寄りの意外な一面、昔の面影、明るい表情など毎日楽しい発見ができます。「たのし家」のデイサービスならではの自由な雰囲気を大切に、お年寄りが気持ち良い時間を過ごせるようスタッフ一同がんばっていきます。

（一九九九・十一号）

スタッフ日記

地域の方々と盆踊りを楽しみました

板橋　恵子

こんにちは！　暑い日が続きましたが夏バテなどせずに過ごせましたか？　私たちは、「たのし家」ができてはじめての夏を迎えました。日当たり抜群の「たのし家」の夏は思っていた以上に暑く、天気のよい日の二階の部屋は、もうサウナ状態。入居者の方々が脱水状態になるのではと心配になるほどでした。でも、「たのし家」にはたのもしいスタッフがいるので心配しないで下さい。家中の古いクーラーを使えるようにしてくれて、眠るころには、お部屋は快適な状態になっていましたから……。

それでも夏風邪をひいてしまった方が一名。ちょうど「あじさい館」への旅行直前で心配しましたが、食欲が落ちなかったのが良かったのか、みごとな回復力でなんと旅行前日に熱が下がり、全員そろって行くことができたのです。この風邪をものともしないお年寄りの元気さに、感心するやら、うれしいやら、私もがんばらないとと励まされてしまいます。

話は変わりますが、「たのし家」ができて半年ちょっとたちました。地域の方々にもお祭りがあったり、盆踊りがあると声をかけていただけるようになりました。夕食のあと、皆で出かけて、ちょっぴり夜遊びを楽しみました。綿アメやかき氷を食べたり、盆踊りの輪に入れてもらったり、いつもはもう眠くなってしまう方もいる時間なのに、皆さん手拍子を叩いたり、笑顔、笑顔で楽しいひとときを過ごすことができたようでした。これからも、地域の方々との交流も大切にしていきたいと思っています。

また、夏の間は日差しが強く、なかなか散歩に行くこともできませんでしたが、これからは散歩に行ったり、たまにはデパートにお買物に出かけたり、外に出る機会を増やして、生活に少しでも張りが持てて、楽しめるときを過ごしていただきたいと思っています。

（一九九九・十一号）

スタッフ日記

みんなで、いろいろな所に出かけたい

田母神　望
鎌田　恵真理

うれし家もオープンしてからこの十月でようやく半年を迎えようとしています。オープン当初は、ポカポカ日差しが差し込む春だったのが、いつの間にか虫の音が聞こえてきて秋となり、早いものだなぁ…と実感している今日このごろです。

うれし家では、毎週火曜日と土曜日、川口にある今村クリニックへデイケアに通っています。デイケアに行く日はいつもより早めに起き、朝食を食べ、九時ごろに出発するため、皆さんにとってもスタッフにとっても朝は大戦争です。

午前中は歌を歌ったりしています。夢中になって歌う方もいれば、懐かしいなぁと、思い出深そうに口ずさむ方や、踊り出す方までさまざまです。

午後からは近くへ散歩に出かけています。歩いて五分くらいのところの川辺を歩いたり、また大きな鯉が泳いでいるので、たまにパンくずなどを持って行きます。地域の方との、ちょっとしたコミュ

ニケーションの場でもあります。その帰り道、花を摘まれる女性の方もいて、うれし家は花でいっぱいです。

その他、ゲームをしたり、庭に出てガーデニングや畑の手入れなどもしています。また、おやつの時間には利用者の方がお抹茶をたててくださるため、静寂な雰囲気の中でのお茶会も楽しめます。少しずつですが、ボランティアや見学者の方もいらして下さっています。これからも、どんどん輪を広げて閉鎖的にならないように心がけたいと思います。また、今後皆さんといろいろな所に出かけたい!!と考えているので、車が欲しいことが今、「うれし家」の願いです（ナント、このあと、念願かなって車をいただきました）

（一九九九・十一号）

第三章

ネットワークの手のひらで

Ⅰ―グループホームから家族を考える

1 「共同体」に見守られていた家族

私は、現代には「心の縁側」が必要であると「はじめに」で述べました。そのことはグループホームにとってとても大切なことなのです。では、その「心の縁側」のあり方を考える前に、現代から離れて、ずっとずっと昔、まだ国家が確立しなかった頃のことをみてみたいと思います。

国家がきちんと成立する前の日本の家族は、現代のような「一夫一婦制」でも、平安時代のように「一夫多妻制」でもありませんでした。女も男も自分の気に入った相手と気のむく限り結婚しているという「多夫多妻制」で、家同志の結婚ではなく、双方の合意のみで成立していました。妻が夫の家に行ったり、逆に夫が妻の家に住んだり、多種多様な家のあり方があったのです。もちろん、たくさんの異母兄弟、異父姉妹などがいたことでしょう。それでも子供達は育ちました。地域の共同体の内部では、みんなで助け合うのはあたりまえのことだったからです。「うち」という概念がはっきりしないので、子供達はみんなの子供でした。子供は、神様の贈りものだったのです。

同じように、老人や病人も捨てて置かれずに共同体内部で世話をしました。老人は知恵の象徴とされました。ある古代の話に「隣のみよりのない老人夫婦を、裕福な主婦がなにくれと世話をしてあげ、仏の功徳を得る」というものがあります。なぜ、このようにみんなで助け合ったのかというと、古代の共同体は病気や貧富の差というものを、「みんなのもの」と考えました。つまり、ひとりひとりだけのもので「あんたの病気だから、あんたが勝手に歳とってるんだから、私は知らない」と考えるのではなく、遠くの悪い世界から、自分達みんなの所に飛んできた「わざわい」であり、それがたまたまある人の上に降りかかったのである、と考えたのです。悪いのはその人ではない、その状態が罪なのだからみんなで助け合ってその不安を解消しようとしたのです。

しかし、国家が国をまとめようとしたとき、共同体は邪魔なものでした。国の内部の人間をひとりひとり管理した方が、国を治めやすいからです。まずは、そのために「うち」をはっきりさせようと、戸籍というものができました。すると、多夫多妻制では都合が悪くなります。戸籍の筆頭人を決めて、それに家族が従属するようにした方が、税も計算しやすいのです。そこで男が筆頭人になりました。そして、女、子供がそれに従属するようになりました。「うち」が、共同体から切り離されていくようになります。また、公的権利が男にしか認められないようになるにつれ、本当は妻の土地でもいつのまにか夫のものにされてゆき、それまで女にもあった「財産権」が無くなって、夫婦の平等は崩れていきます。妻は夫に寄生せざるを得なくなりました。女は一人では生きられないので、とにかく夫と同居して安定した夫婦生活を求めるようになります。

貧富の差もどんどん広がってゆき、共同体の崩壊が進みました。するとますます不安にかられて、「うち」の絆が強まります。そして、夫と同居しない母子や貧しい老人などがそのあおりをくらいました。「みんなの助け合い」も失われ、貧しく、誰からも助けてもらえない人々が孤立する社会になっていったのです。共同体が崩れるとこのような発想となるのです。

この頃、仏教が根付きはじめ、私たちにおなじみの「親孝行」という概念も定着していきますが、それにはこのような時代背景があったのです。女は家に従属しているもの（「家婦かしからずんば娼婦か」という二者択一を迫られるようになりました）という考え方や、母性という考え方は、もともとあるものではなく、時代が求め、そしていつのまにか本能にすり替えられてしまったもののように思えます。

私は、女や子供、ひいては家族のありかたの問題は、老人の問題と切っても切り離せないものだと思ってきました。現代は、多くの女の人が外で働き、自分の自由になるお金をもっています。また、男女別姓を望む人も多くなりました。離婚率も高くなり、シングルの家庭や、バツイチ同志がまた結婚して作るいわゆる「ステップ・ファミリー」なども増えているそうです。また同性愛のカップルが同居をして、新しい家族の形を作ることも増えてきました。一方で、「普通」とされてきた家族の形をとっている人々も、もちろんたくさんいます。いろいろな家族の形が、その人それぞれにあわせて作られていく時代になったのだと思います。だから、いままでの社会のあり方もそれにあわせて変わるべきではないでしょうか。

単に「嫁」だからという理由で、主婦が一人で介護をし、一人で苦労をかかえて倒れるまで「家の恥」というものをひたかくそうとする必要はないのです。いろいろな人間に会い、いろいろな人間に助けてもらう、助ける方にとってもそれは新しい出会いになります。たくさんの人がつながって、自分の考え方もコリがとれるのではないでしょうか。

子供の問題も根っこは同じだと思います。前に述べたように、以前私達は、「風の子文庫」という図書室、そして「風の子ぶんこう」という寺子屋的な場をもっていました。大学生、中高生、小学生、幼稚園児、社会人、などなどいろいろな世代の人々が集まって、勉強を教えあったり、遊んだり、本を読んだり、旅行に行ったりしていました。学校に行けない子が、楽しそうに違う世代の子と話したり、子供同士がとっくみあいのけんかをしたりする光景や、お母さん達が普段は話す機会のない大学生と話し込んだりする光景がみられました。

そのようにいろいろな価値観に触れることが、どの世代にとっても重要であると私は思います。

「風の子ぶんこう」に息子を二人連れてきたお母さんがいました。その母親は、長男のことをみんなの前で「この子は本当にできなくて」と言ってけなすのです。みんなが「そんなことない、できるよ」と言っても、かたくなに「いや、本当にできなくて」と言っていました。実際に長男の方が次男より勉強はできるのですが、母親は次男には何も言わないのです。おかげで、萎縮して自分の解答を隠そうとする長男と正反対に、次男はのびのび楽しんでいました。このお母さんは、「一家の長男は、勉強ができていい学校に入るのがあたりまえ」という価値観に凝り固まっていて、その裏返しでその子をけなしているのです。私が、その点を指摘してもなかなか人前で息子をけなすことをやめませんでした。それには、同じ歳の子供を持つ友達のお母さんとの張り合いがあったようです。

お母さん同士の張り合いから自分の子と同じ歳の子供を殺害してしまう、という事件がありました。どんなことがあったかは本人同士でないとわからないでしょうが、ある狭いコミュニティーの中で同じような価値観をもつ人間同士がぶつかりあって、そのエネルギーの行き場がなかったのかなあ、とため息が出ます。お母さん達は、いい母親、いい妻でなければならないという考えに凝り固まらざるを得ない状況にいるのでしょう。それはとても辛いことだろうと思います。でも、そんな時、全然違う世代、違う考え方の人がいる場にちょっと寄って、世の中には、いろいろな人がいて、いろいろな生き方があるのだ、と価値観をずらせれば「たいした事じゃない」と肩の力も抜けるのではないでしょうか。そのような余裕がないとすれば、それは、すべてを完璧にこなすべきであるという価値観の方がおかしいのです。ちょっと逃げ込んで相談できる場があったら、もしかしたらあのような事件にまで発展しなかったのでは、と感じることがあります。

同じように、介護を完璧にしようとした息子が、母親のために仕事をやめて在宅介護にこだわり続けて、リハビリをさせようとしていら立ち、母親を虐待して死なせてしまった事件もありました。「息子が殴るから帰りたくない」という母親の言葉があったそうですが、周囲は事件を防止できませんでした。この事件もまた、「うち」へのこだわり故の閉塞感が生み出してしまったもののように思えます。

根っこは一つなのではないでしょうか。

近頃インターネットや電子メールがはやって、いろいろな人とつながりをもてるようになってきたことは、よいことだと思います。孤独な人がそのおかげで救われたということもあると聞いています。

しかし、古代の共同体で、自然に役割ができて支え合っていたことを考えると、時代が発達して便利になることだけが人間にとって幸せといえるでしょうか。人間にとって何が大切かを考えると、何が発展したのか疑問に思えます。実際にいろいろな生身の人達がいろいろな生き方をしている場に身を置くことで、雑多なことから学び、人のありがたさや心の交流がうまれます。そして、その中から新鮮な何かが得られるのです。

グループホームでは、いろいろな家族のあり方があった古代をもう一度ふりかえり、新しい時代の「たすけあい」の形を作っていきたいのです。

2 「たのし家」・「うれし家」からの贈り物

自宅で始めた「風の子文庫」に子供達が大勢集まり、日々驚くことの連続でした。私の失われていく感性を呼び起こしてくれ、身心に風を吹き込んでくれました。また、子供をめぐる周囲の問題も、子供達を通してみると問題点がよくみえてきました。この時に経験した子供達からの贈り物はすばらしい栄養となって今も私の体の一部になっています。

そして今、また「たのし家」「うれし家」から同じような贈り物をもらっています。それは、社会や自分自身をみる判断力をつけてくれる大きな力となっています。

子供の世界もそうですが人間社会からいじめは消えません。いじめをどうやってなくそうかという方向ばかりが目につく社会になってしまいました。競争心や嫉妬・ねたみは人間である証拠です。なぜそうなるのか原因を考えて対処するのが人間の能力だと考えています。子供がいじめたりいじめられたりした後に、異年齢集団の風の子文庫では、双方にとってどうしたらよいかを皆で考えました。

誰の中にも善と悪は存在するはずです。人間は一人で生きられない動物ですので、共同体を作りバランスをとりながら生活していくことが大切だとわかりました。

グループホームも同じです。痴呆の人達の間でもいじめや暴力があります。また、徘徊してどこかへ行ってしまったりします。でも、原因があるのです。原因を考えないで痴呆だからといって暴力には暴力で対処したり、徘徊をとじこめたりすると人間らしさが失われていきます。このことは、痴呆のお年寄りに身をもって教えてもらいました。

「行きたいところがある」という目的に向ってただひたすら徘徊するエネルギーに驚きました。自分の母親のお墓に行く目的で東京へ向って歩いていたKさんは、母親がとても好きだったと聞きました。妻に会いにいくために毎日徘徊していたHさんは、妻に会うとニコニコして機嫌よくグループホームに帰ってきました。その人の心の中に近づいてみると、徘徊は健全なことがわかりました。目的をもったことは、どんな人にとっても生きる上で大切なことですが、それに対して周囲がどう対処するかが問われているのです。

現代の暮らしに不足しているのは、心の余裕のなさでしょう。動きや語る言葉に心を動かすセンスが感じられなくなり、それに余韻が残りません。ところが、なぜスタッフも私も痴呆の人達に魅せられるかといえば、その感性の豊かさです。ゆったりとした時間の流れの中で自分を生きている痴呆の人達から、人間を信じることと自分を大切にすることを学びました。限りなく可能に近いことがたくさんあり、あきらめてはいけないことも悟りました。

さまざまな人達が関わることで、痴呆の人達からの贈り物が社会に生かされると思います。

3 生と死のはざまで教えられた家族とは

地域活動を始めて二〇年になります。地域の中で「かけこみ寺」のような役割をやってきてつくづく感じることは、いざ窮地に追い込まれた時に、相談するところがない人が多いことです。過去十数年は教育問題が多かった相談が、医療、福祉へと変化してきました。出会ったことがない人からの電話相談を受け「一命をとりとめました」とのうれしい返事をもらいます。相談を受けて関わることの難しさや体力、気力の限界もありますが、目の前に路頭に迷っている人に会うと何とかしようと思ってしまいます。それは、生と死の間に関わる問題だからだと思います。

痴呆の問題になると家族、親族をまき込んで収集がつかなくなることが多々あります。それは、医師によるインフォームドコンセントが中途半端な形で行なわれることによる混乱もありますので、相談にのる時の難しさを感じます。

ある日、いつも冷静な人がかなり混乱して相談にきました。義母は遠く離れて一人暮らしをしているが、一日何回も電話がきて「あなたがお金をとった」「あなたは私をだまして通帳をとった」といわれるので電話が鳴るとノイローゼ気味になっていると言われました。また、近くに住む義姉に「母の金をだましとったとはひどい人だ」といわれました。義母はもともとお金や物に対して執着の強い人で周囲もそのことはよくわかっているのに、と嘆きました。義母を埼玉に連れてきて家族会議を開きましたが、「義姉は、母親がわけのわからないことをいうといっては髪を引きずりまわしたり、たたいたりして大変な状況にあるのでちょっときて欲しい」と言われて家族が集まっているところへ行きました。家族会議に参加して、まず家族間の交通整理の必要性を感じました。九州の医者に「痴呆だけど年寄りだから仕方ない。治らないよ」といわれ、親族は痴呆と思い込んでいたのです。家族同士の疑いをとること、痴呆の理解と対応、今後どうしたらよいかなどを話しました。興奮していた家族達が少しずつ収まりました。そして、糖尿病、高血圧の薬を飲んでいることを考え、痴呆でないかもしれないから早急に精神科へ行くべきだと伝えました。精神科に対する偏見が強く、説得するのが大変でしたが医者を紹介することで安心感が生まれ、翌日、病院へ行きました。嫁に物をとられると思いこんでいる被害妄想と、糖尿病に伴う血糖コントロールができないため、脱水を起こし、せん妄状態で、周囲の者に対してかなり攻撃的になっていました。せん妄は身体疾患がベースになって発症するので、精神症状だけ把握していてもわからないため、精神科と内科のある病院へ行くことをすすめました。入院して治療をすることで、せん妄と興奮状態が収まりもとの義母に近づくと、家族は落ち着きをとり戻してきたのです。数日後、報告にきた相談者は、「地獄から天国にきた感じ」と話し、久しぶりにみせる明るい顔に私もホッとしました。そして、早く相談すれば家族同士の憎みあいもなく、本人には可哀想なことをしたといって反省していました。

一方、周囲の人に相談しないで一人で母親を介護している娘からの相談を受け、医師を紹介しました。医師から「母親に対する思いが深いことはわかるが、娘はこちらのやることに一つ一つ疑問をもって質問してくるので信頼関係ができずに治療がやりにくい」といわれました。大切に育ててくれた母親だから自分より長生きして欲しいと思っている娘の気持は手にとるようにわかりました。私はこんな時こそ医師と家族の間に関って意志の疎通をとらなければいけないと考えました。一時、生命の危険にさらされた母親が、医師がうまく連携してくれたことで手術も成功して、今では元気に暮らしています。痴呆は治らなくても毎日、明るく元気でいる母親をみて「これでいいのだ」と自分にいい聞かせている娘の姿に何回か出会いました。

家族であることの難しさをしみじみ感じ、また教えられました。

Ⅱ―地域をくるむネットワークづくり

1 医療との連携は不可欠です

デイサービス「陽だまりの家」を始めた頃、利用者の飲んでいる薬に疑問をもったり病気の診断の結果をもっと詳しく知りたいと思い医師に少しずつ近づいていきました。そして病院の様子を知りたいと思い見学に行きました。医師は最初に「病院がつぶされると思った」と冗談まじりに話しました。これまでの見学者は建物をみると質問をしないで帰っていったそうです。私は、入院している患者の状態や家族との連携そして治療方針を聞きました。いつも同じ姿勢で熱心に聞くので「病院がつぶされても仕方ないと思い、何でも隠さず話しましょう」と医師にいわれ、信頼されうれしくなりました。それ以来、この病院には密接な関係ができ、どれほどお世話になっているかは計り知れません。

グループホームを始めると、デイサービスだけの時の医療との連携では不足することがわかりました。体調が悪くても、帰るところがあるデイサービスとは責任の幅が違います。三六五日二四時間では、最初から最後までの関わりが必要です。身近なところの医療機関と密な連携が必要になってきました。

グループホームのスタート時は毎晩のように私の家の電話が鳴りました。特に、夜は当宿一人のため判断に迷い不安になってしまいますので、熱が出た、トイレが近すぎる、鼻血が出たなどのことで電話がきました。私も様子がわからない時には不安で、救急車を呼ぶように指示しました。行き先の病院にも連絡を入れなければ受付けてくれません。昼間かかっている病院でも、救急病院ではないため当宿している医師によっては、痴呆の患者の対応ができない人もいますので断わられたりします。

スタッフが慣れないこともあり入居者が痛いといえば不安になり、転べば骨折していると思い込んだりして混乱していました。私も電話があるごとに医師に相談することにも躊躇し始め、家族を含めて相談して整理することにしました。

近くの総合病院で、老人施設もあり老人医療に対してしっかり向き合ってくれるところと契約を交わし連携することにしました。

この病院のケースワーカーに、スタッフも家族も大きな信頼を寄せていますので、何んでも気軽に相談ができて、混乱せずに解決へ向っていったのです。契約できたことでスタッフと家族の安心感は大きかったのでしょうか。夜中にくる電話がほとんどなくなりました。

病院との契約の中に、グループホームの入居者が具合が悪くなった時には昼、夜問わず診療を受ける、とあります。また、必要に応じて入院も可能です。形を整えたことで皆が落着きゆったりした生活になってきました。

また「たのし家」と「うれし家」のスタッフに、看護婦が一名ずつ入ったのも安心して生活していられる理由です。過剰に医療的側面からみるのではなく、必要に応じて知識を生かすことにしていますので、一緒に生活を楽しむスタイルは崩れていません。

生活スタイルの基本がしっかり作られている入居者の方々は、食欲もあり体の基本がしっかりしていますので、スタッフが風邪をひいてもほとんどそれをはね返すだけの力があります。しかし、最高で九二歳という高齢ですので体調をいつ崩されるかわかりません。しっかりした医療との連携があれば家族は納得し安心していられると思っています。

また、医療機関自身も地域の中で生かされていることを考えれば、今後は大いにネットワークづくりに参加してもらえると考えます。

Ⅲ　老いをつつむ心の縁側

五年前、ある小冊子に「ネットワークは自分にとって必要か」というテーマで小文を書きました。当時は私の「思い」を必死で記しました。しかし、どうでしょう。今、再び読み返してみますと、それはまさに、「陽だまりの家」「たのし家」「うれし家」の生活の中で毎日息づいていることに気付きました。私の「思い」はグループホームの中で現実のものになっていたのです。

その思いは次のようなものです。

「ネットワークは、心の縁側である。それはさておき、自立とはどういうことなのだろうか。私は女であることで、男より自立を考えて〈タベラック〉という介護用品を作った。効率だけではなく心の問題にどうかかわっていくか。それで解放される人もいるし、老人は、自立と感じるかもしれないと。

女で、仕事をして家事をすることは、たしかに自立かもしれない。しかし疲れなければ自立はできないのかと考えた。上野千鶴子は「女遊び」という本の中でこう書いている。『女は男と殴り合ったら負ける。だからといっておとなしく黙ってなきゃならないか。女たちは男なみに強くなろうとした訳ではなくて、弱さを弱さとした上で、なおかつ主体として認めよ、と要求してきた。それなら、年寄りだって声をあげる権利がある』。上野千鶴子もいうように金を稼いで、人の迷惑にならずに一人で生きていくという世間的にみた自立とは違い、もっと根源的な心の問題である。弱さを弱さとして認めることから生まれた自立を基軸に、本当のネットワーク作りはできる。

昔、私が小さい頃、日常生活の中で女の人達が、いや男も含めて雑談をしたり助け合ったりしてお互いの弱さを受け入れるような場があった。それは、〈縁側〉であった。家を囲む〈縁側〉の日だまりでいろいろなことをおしゃべりした。いやお互いの弱さを受け入れる場でもあった。しかし、縁側というのは、現代の家にはない。他人を家の中に入れるということが、自然に感じない個人主義にも私たちは親しんでしまった。

今、私たちがめざしているネットワークは、〈木の縁側〉に基を発する〈心の縁側〉である。この縁側は、あるものではなく作るものだ。これは、自分で自分を解放しようと努力する人が作る、自分の弱さを認めてくれる場所なのだ。その努力は、どんな些細なことでもいい。自分の弱さを、つまり自分の生をいとおしむことであり、それによって人を受け入れ、人とつながり、人を解放していく。そして、ひるがえってまた自分の生をも豊かにしていく。つまり真のネットワークへの第一歩なのだ。」

私の父は、地域の中で自然に縁側を作った人です。明治の男で威張っていて頑固だったのですが、商売が自分の思いどおりにならないと怒りを全部、家にもってきて母親にあたっていました。母親はドンと構えた強い人でした。酔っぱらって帰った父が扉をこわしたり、火鉢をひっくり返しても平然としてみていました。近所の人達はおもしろがって家の前には人垣ができました。とにかく家は舞台でした。次の日は、ガラス屋さんや畳屋さんがきていましたが、今から思うと、うちの父親は〈縁側〉すなわち〈ネットワーク〉を作っていたのです。

今、「たのし家」「うれし家」は地域へ発信して人と人とのつながりを作る役目をしています。入居している人達は個人ですが他者と疑似家族を作り共生しています。その共同体を通してつながっている地域の人達は、ゆるやかなネットワーク＝縁側に自分もいることを気づいていません。しかし、それぞれの心の中に、「たのし家」や「うれし家」の人々、それに関わっている人々の姿が映っていることはたしかです。

また、入居者同士の縁側があります。自分たちの作る〈心の縁側〉に座り、私達周囲からは入り込めない世界がそこにあります。

そして、家族は、家族の思いでつながって一つの縁側を作っています。

現在のグループホーム「たのし家」「うれし家」の個室はカーテンで区切られています。そのためこのままでは介護保険の指定事業者になれません。しかし、痴呆の人達の共同体を考えた時、しっかりした壁では、お年寄り同士の縁側は決して作れません。このことを一番良くわかっているのは、介護した経験のある家族です。家族の人達がこのままでは、本当のグループホームができなくなると危機感を募らせ、厚生省に要望書を提出したいと言っています。かたい壁で個室を作り、そこでグループホームがはじめて成り立つと考える厚生省の見方は、あまりにも人の心のつながりを無視しているのではないでしょうか。

国は共同体を崩壊したいと思っているとは考えたくありませんが、「心の縁側」にちょっと座ってみてほしいと願います。

おわりに

痴呆のお年寄りからもらった「生きる力」

私は、子供の頃、山・川・海がある自然環境に恵まれたところでのびのびと育ちました。人の出入りの多いところで、皆で助け合いながら生きるのはあたりまえのところでした。いつも元気で明るいわねと周囲に言われ、明るく元気でなくてはいけないと自分に言い聞かせたところがありました。それは、生活介護ネットワークを作り、さまざまなことに取り組んで忙がしくなってからも同じことがいえます。特に、グループホームを作ってからこれまで、楽しいことや悲しいことにたくさん出会いましたが、元気に明るくさまざまな問題に取り組んできました。そして、あっという間の一年間が過ぎました。

自分の体に自分の体調のことを聞くのを忘れて酷使していたことがわかったのは、昨年九月の終り頃です。それから四〇日間を病院で過すことになりました。私にとっては考えてもいなかった休暇がやってきました。慣れない病院の中を歩きまわり、いろいろな検査をしてとても心細くなりましたが、この入院生活は私にとってこれからの人生に大きな影響を与えました。

四人部屋と個室での体験は、グループホームに通じることもあり、身をもって知ることとなりました。個室では密室化による恐怖も体験しました。ケアする人に対する信頼が壊れたことで、精神状態が落着かなくなりました。一方、四人部屋では、他の三人の方々と仲良くなり、あっという間に一日が過ぎていきました。スナックを経営し、お客さんのたばこの煙で肺の病気になった方は、胸にギブスをしていました。歌謡曲が大好きで、イヤホーンを聞きながら口ずさまれる姿は、働いていらした時の姿を彷彿とさせました。私の母に似ているとお話しすると、ニッコリと素敵な笑顔を返してくれた私の前のベッドの方は、家に一人で居ると、うつ状態になり、声が出なくなったと言われました。「入院してから楽しい」と話しながら、食事もすすんでいる様子でした。声がかすれていてよく聞き取れなかった話も、だんだん声が出るようになり、本人はとても喜んでいました。私の左のベッドの人は、最後に入院されてきた方でしたが、几帳面な人で新聞の折りこみ広告で箱を作っていました。私はそれをグループホームへの土産としていただきました。男の子が二人いるけれど大学生になっているので少しは安心だと話されていました。私は三人よりも軽い病気でしたが、この人達にどれだけ元気をもらったかはかり知れません。その人にとって個室か相部屋のどちらを選ぶかは重要なことだと感じました。

また、医療や看護も介護と同じく、技術のレベルも問題ですが、何といってもその人の人格です。毎日、体をゆだねる人達が病気だけではなく私を私自身としてみてくれるだろうか。医師や看護婦と時間の許す限り話しをしました。どこの現場も同じように人手不足の問題があります。声をかけてあげたい、一人一人の顔をしっかりみて看護したいと考えても時間が足りないことがわかりました。つくづく、弱い所に税金を使うべきだと思いました。

こんなことがあって久しぶりにグループホームに帰りお年寄りの方々に会うと「あなたは誰？」といわれがっかりしましたが、他の人に対するのと違い、痴呆の人は今しかないために、これまでのいきさつを説明しなくてよいということはとても楽でした。今しかないということは、今を素直に大切に生きているということです。

思い出せば、入居者だったTさんは痴呆になったことでとても素直になりました。それまでの父親とはあまりの変貌に家族はとまどいましたが、素直な父親の姿に涙しながらも引き込まれていきました。「ありがとう。わかりました」と介護するたびにはっきりした大きな声で話されていたTさんは、「早く、グループホームに帰りたい」と言いながら病院で亡くなりました。彼の素直な心に周囲の人達はどれだけ心が洗われたでしょうか。特に家族は、痴呆になったことで恐い父から愛らしい父親になり、とまどう気持ちを自分達にいい聞かせながら側にいられたと思います。家族の気持も彼によってだんだん素直に受け入れるようになっていきました。

Tさんと同じように、私が入院していた時に同室だったスナックのママさんもとても素直に感情を表現されていました。テレビをみて大きな声で笑っている姿が今でも頭の中に焼きついています。同室だった三人の方に、私の友人が作った藍染の帽子を送る約束をしました。私が退院後、数カ月経ってからやっと帽子とタイを送ることができました。数日前、スナックのママさんの夫から電話がきました。「先週、急変して亡くなりました。帽子は、祭壇に飾ってあります。」と言う言葉をしばらく信じられなくて呆然と立ちつくしていました。「早く送れなくて申し訳ありません」と言うのがやっとで、あとは電話を通して泣いてしまいました。

帽子を送った人の中で、大学生の男の子がいる人からお礼の手紙がきました。痛みを和らげるためのモルヒネで吐き気が続き食べても吐いてしまうと書いてありました。また、帽子が届き久しぶりに鏡の中の自分ににこっとほほえんだと書いてあるのを読み、入院中もおしゃれな彼女のことを想い出し、早く元気になって欲しいと願いました。

世間では弱者とされているお年寄りや病人から、私達はどれ程「生きる力」を与えられているでしょうか。素直な痴呆のお年寄り、達観して人生を歩いている病人の人達から、今を生きるということを教えてもらっています。

また、痴呆の人たちがかもし出す雰囲気に浸っていると、人間の力を越えた何かが私達を幸せな気分にさせてくれるのです。

資料編

Ⅰ〈介護保険制度に関する法律〉

厚生省「老人福祉関係法令通知書」

痴呆対応型老人共同生活援助事業　実施要項

(1) 目的

この事業は、地域の中にある痴呆性老人グループホーム（共同生活を営む痴呆性老人に対し、家庭的な環境の中で生活援助員による生活上の指導・援助を行う形態。以下「グループホーム」という ）で生活する痴呆性老人に対し、日常生活における援助等を行うことにより、痴呆の進行を穏やかにし、問題行動を減少させ、痴呆性老人が精神的に安定して健康で明るい生活を送れるように支援し、痴呆性老人の福祉の増進を図ることを目的とする。

(2) 実施主体

実施主体は市町村（特別区を含む。以下同じ ）とし、その責任の下にサービスを提供するものとする。この場合において、市町村は、地域の実情に応じ、利用者、サービス内容及び利用料の決定を除き、特別養護老人ホームを経営するなど適切な事業運営が確保できると認められる社会福祉法人、医療法人等に委託することができるものとする。

(3) 利用対象者

グループホームの利用対象は、概ね65歳以上の中程度の痴呆性高齢者（65歳未満であっても初老期痴呆に該当する者を含む ）であって、次のいずれにも該当する者とする。

ア　家庭環境等により、家庭での介護が困難な者であること。

イ　概ね身辺の自立ができており、共同生活を送ることの支障がないこと。（極端な暴力行動や自傷行為がある等共同生活を送ることが難しい者は除く ）

(4) グループホームの要件

グループホームについては次の基準によるものとする。

ア　定員

グループホームの定員は５人以上９人以下とする。

イ　建物の確保

原則として、実施主体及び運営主体が建物の所有権又は賃借権を有すること。

ウ　設備

（ア）日常生活を支障なく送るために必要な設備（洗面所、浴室、便所等）を有し、生活援助員が利用者に対して適切な援助等を行うことができる形態であること。

（イ）利用者の居室は原則個室とし、個々の利用者の領域が確保されていること。

（ウ）居間、食堂等入居者が相互交流することができる場所を有していることとし、当該グループホームごとの専用施設とすること。

（エ）職員室を有していること。
（オ）保健衛生及び安全が確保されていること。

エ　その他

痴呆性老人に対するケアの実施、ケアの確保、緊急時の体制等について考慮する必要があるため、次の点に配慮すること。

（ア）特別養護老人ホーム等のバックアップ施設、ボランティア等のサポート体制があること。
（イ）協力医療機関等緊急時等においても迅速に対応できる体制であること。

（5）運営

施設では、痴呆性老人が地域社会とのつながりの中で、安全に共同生活を行うことを基本に、グループホームサービスの提供を行うこと。

ア　利用者の身体的、精神的状況の的確な把握に努めるとともに、症状等に応じて、医療機関への受診を図るなど、適切な対応を行うこと。
イ　老人デイサービスセンター等通所サービス利用は、利用者個々の心身の状況に応じ、適切に行うこと。
ウ　日常生活を通じたケアを行うという観点から、グループホーム内での食事は、原則として、利用者と施設職員が共同で調理して行うように努めること。
エ　自己防止のため、利用者の行動特性等を十分に把握して、安全に配慮した運営を行うこと。

（6）職員配置

グループホームは、痴呆性老人の特性等に適切に対応するため、日中については、利用者に対して３：１の割合で職員を配置すること。

ア　痴呆性老人の処遇に関する専門的知識を有し、責任者となりうる者が、毎日１名以上勤務する体制を確保すること。
　また、その職員が不在となる時間帯についても責任体制を明確にするとともに、責任者への連絡体制等を整備すること。
イ　夜間についても常時１名以上の職員を配置するなど、職員が空白となる時間帯が生じないようにすること。
ウ　処遇に当たる職員等に対しては、必要な研修を実施すること。

（7）事業内容

ア　一定の期間、住居及び食事の提供を行う。
イ　利用者に対して、金銭管理の指導、健康管理の助言等の生活指導を行うとともに緊急時の対応を行う。
ウ　利用者に対して、食事、入浴及び排泄等の援助を行う。
エ　グループホームの特性を活かした個別援助計画を作成し、利用者が安心した生活を送れるよう援助を行う。

（8）利用世帯の決定等

ア　本事業を利用しようとする者は、住所、氏名及び世帯員の状況等利用に際し必要な事項を記載した申出書を市町村長に提出するものとする。なお、申出者は原則として当該世帯の生計中心者とする。

イ　市町村長は、利用対象者から事業の利用申請があった場合は、必要性を勘案した上で、決定するものとする。なお、その際には必要に応じ高齢者サービス調整チームを活用すること。

ウ　市町村長は、本事業の利用を受けようとする者の利便を図るため、在宅介護支援センター、ショートステイ事業を実施している特別養護老人ホーム、老人デイサービスセンター等、老人ホームヘルプサービスを実施している市町村社会福祉協議会等を経由して申出書を受理することができる。

（９）利用者の費用負担

利用者の費用負担はアとイの額の合算額とし、月単位で決定するものとする。

ア　グループホームの利用者の１月当たりの利用料は、別に定める事業に要する経費の額を利用定員で除した額の１/１２月分の１割とする。(千円未満切り捨て)

ただし、生活保護世帯及び所得税非課税世帯は無料とする。

イ　市町村は、運営施設ごとの家賃、飲食物費、光熱費及びその他共通経費等の実費を定め、利用者が負担するものとする。

（10）経費の補助

この実施要綱により実施する事業に要する経費については、別に定めるところにより、国庫補助を行うものとする。

（11）その他

ア　市町村は、本事業の運営に当たっては、高齢者サービス調整チームを活用し、ホームヘルプサービス、老人デイサービスセンター等との在宅福祉に関する諸事業及び老人保健に関する諸事業との連携を図り実施するものとする。

イ　市町村長は、実施施設、在宅介護支援センター、社会福祉協議会、民生委員、医療機関等の関係機関との連携を密にするとともに、家族やボランティアの協力を得られるよう配慮し、円滑な運営に努める。

ウ　市町村は、業務の適正な実施を図るため、委託先が行う業務の内容を定期的に調査し、必要な措置を講ずるものとする。

エ　この事業を受託している特別養護老人ホーム等は、この事業に係る経理と他の事業に係る経理とを明確に区分するものとすること。

オ　本事業は、社会福祉事業法の第２種社会福祉事業の老人デイサービス事業の一種として取り扱われたい。

カ　施設整備については、社会福祉・医療事業団の融資対象となっている。

痴呆対応型共同生活介護の指定基準

A　人員基準

介護保険法前における基準	介護保険法での指定基準
1 実施主体 市町村 └ 委託 → 特養等を経営するなど適切な事業運営が確保できる社会福祉法人・医療法人等 2 職員配置 （1）日中 ・利用者：職員　　3：1 ・専門家の勤務 （2）夜間 ・常時1名の職員配置 3 利用定員 定員　5人～9人 4 その他 ○ 特別養護老人ホーム等のバックアップ施設を有すること。 ○ 協力医療機関等との協力体制等	1 従業者 当直時間を除き利用者3人に対して1人の割合で介護職員を配置すること。（3又はその端数を増す毎に1名追加）（うち1名常勤） この他、当直時間帯は常時1名の職員を配置すること。（併設施設との兼務可） 2 管理者（介護職員との兼務可） 3 事業単位 5人から9人を1事業単位とする。 （※運営基準において次の事項を定めることを検討。 夜間における緊急時の対応の体制がとれていること（（例）特別養護老人ホーム、医療機関等との連携体制の構築））

B　設備基準

介護保険法前における基準	
1 利用者の処遇に必要な設備 （1）居室 原則として個室（面積の基準なし） （2）利用者の相互交流スペース 居間、食堂等 （3）その他日常生活上必要設備 洗面所、浴室、便所等 2 職員に必要な設備 職員室	原則として、事業単位毎に利用者の処遇に必要な設備を確保すること。 1 居室 個室（処遇に必要な場合は2人部屋も可） 2 居間（兼食堂）、台所 3 浴室 4 その他日常生活上必要な設備

医福審一老・介合同	
11.11.15	069

痴呆対応型共同生活介護事業の質の確保について

1　趣旨

痴呆対応型共同生活介護事業については、指定居宅サービス等の事業の人員、設備及び運営に関する基準(平成11年厚生省令第37号。以下「指定基準」という)において基準を定めたところである。

しかしながら、事業の密室性が高く、利用者保護の必要性が強く求められることなどから、今回、指定基準の見直しを含めた規制の見直しを行うものである。

2　見直しの方向

○事業運営の透明性
○職員の専門性の確保
○サービスの質の確保
○地域との交流・連携
○利用者の権利擁護

3　具体的な見直し(案)

1　市町村が、利用者に対する介護サービスの提供状況を確認するために、定期的又は随時に痴呆対応型共同生活介護事業所に立入調査を行うよう運用上指導(実際の調査は、基幹型在宅介護支援センターでの実施も可) また、事業者は、市町村が行う調査に協力しなければならない旨の規定を整備(指定基準の改正等)

痴呆対応型共同生活介護事業は、痴呆性の高齢者のみを対象としたものであり、かつ、小規模で密室性が高いため、他のサービスの利用者のように利用者から苦情が申し立てられる可能性が少ないと考えられる。

このため、市町村が、利用者に対する介護サービスの提供状況を確認する観点から、定期的又は随時に立入調査を行うことを運用上指導するとともに、事業者は、提供した指定痴呆対応型共同生活介護に関し、市町村が行う調査に協力しなければならない旨の規定を設ける。

2　計画作成担当者等について、専門的な知識及び経験を有する者であることを指定要件として追加(指定基準の改正等)

痴呆高齢者のケアに関する専門性を確保する観点から、管理者は、痴呆介護に関する専門的な知識及び経験を有する者でなければならないこととする。

(注) 特別養護老人ホームの生活相談員として、3年以上痴呆高齢者のケアに従事した経験を有する者　等を想定している。

また、現行指定基準において、痴呆対応型共同生活介護事業については、共同生活住居の管理者が計画作成を行うこととされているが、痴呆高齢者のケアに関する専門性が求められることから、介護支援専門員その他の計画の作成に関し知識及び経験を有する者を計画作成者として配置すること(管理者を含め、介護従業者との兼務可）を義務づける。

さらに、管理者及び計画作成者については、グループホームにおけるケアに関する研修を受けることが望ましい旨を提示する。

3　居室面積に関する基準を追加（指定基準の改正等）

個室の居室面積は7.43㎡（4.5畳）以上とする。

（一定の経過措置を設ける）

また、個室とは、専用の出入口があり、他の居室と明確に区別されているものを言い、単にパネル等で室内を区分したものは含まれない旨を提示する。

4　地域住民との交流や事業運営の透明性の確保等の観点から、共同生活住居の場所を考慮するとともに、家庭的な環境の下で日常生活を送ることができるよう配慮する観点等から、共同住居の併設について大規模にならないように配慮

地域住民との交流や利用者の家族との連携・交流の機会を確保し、事業運営の透明性を図る観点等から、単独型の共同生活住居については、地域の住宅地の中などにあることが望ましい旨を提示する。

また、地域住民との交流の観点や、家庭的な環境の下で日常生活を送ることができるよう配慮する観点から、共同生活住居の併設について、1か所に通常の入所施設を上回るような形態は望ましくない旨を提示する。

5　家族による入居契約締結の代理や援助が必要でありながら、これらが期待できない入居者について、成年後見制度又は地域福祉権利擁護事業を活用

入居の契約に際して、家族による入居契約締結の代理や援助が期待できない入居者については、入居契約締結の代理を行う成年後見人（保佐人、補助人、任意後見人を含む）又は入居契約締結の援助を行う地域福祉権利擁護事業による生活支援員が選任されていることを確認することが望ましい旨を提示する。

また、契約を締結することが困難と見込まれる者についての利用の相談があった場合には、老人福祉法に基づく措置の対象となりうることから、市町村に報告することを運用上指導する。
（注）成年後見人制度の改正を含む民法の一部を改正する法律案については、現在継続審議中となっているところ。

在宅サービスの介護報酬

2000年1月17日
医療保険福祉審議会に諮問

グループホーム	要介護1	8,090円
	〃　2	8,250円
	〃　3	8,410円
	〃　4	8,570円
	〃　5	8,740円
	（1日）	

Ⅱ〈宅老所・グループホーム全国ネットワーク〉

「宅老所・グループホーム全国ネットワーク」設立趣意書

私たちは、痴呆症の高齢者が、これまで送ってきた普通の生活を、地域の中で可能な限り継続していただくことを支援する、宅老所やグループホームなどの小規模で多機能なケアホームを先駆的にに取り組んできました。

こうした先駆的な取り組みが、痴呆症高齢者が毎日利用できる「デイサービスセンターE型」や共同で生活する「グループホーム」の国庫補助事業を生み、さらには地方自治体単独の弾力的な補助事業の創設を生み出してきたと考えています。

私たちの中には、既に社会福祉法人格を取得し国庫補助事業を運営しているところもありますが、公的補助を受けることなく自主運営をしているところや、公的補助を受けたくとも認められず止むなく自主運営を強いられているところもあります。

こうした宅老所やグループホームは、1980年代半ばから先駆的に始められ、ほとんどはこの5年間以内に開設されたものです。デイサービスセンターE型をも含みますと、現在1300ヵ所を超えるとされ、そのうちの半数近くは法人格のない住民団体や個人の運営といわれています(現在全国調査を進めています)。

平成12年度よりスタートする介護保険下では、サービス提供機関となると同時に痴呆症高齢者と支える住民の地域福祉の拠点ともなり得るものと期待されています。しかしながら、私たちの国における痴呆症高齢者のケアは試行錯誤の域を脱するまでには成熟しておらず、宅老所やグループホームが先駆的に、痴呆症高齢者が求めているであろうケアを実践し実証してきました。

このような経過から、痴呆症高齢者のケアのさらなる充実を目指す、宅老所やグループホーム実践者の、ゆるやかに全国をネットワークする必要性が求められてきました。

そこで、この1年間に急速に組織化された都道府県単位の8連絡会と、先駆的に進めてきた宅老所・グループホームが呼びかけ人となって、このたび標記「宅老所・グル―プホーム全国ネットワーク」を設立することになりました。

このネットの特徴の一つは、従来型の、公益法人格を有した上で国庫補助を受けているホーム(施設)と地方自治体の補助を受けているホーム、そしてその他のホームというように、運営形態別に組織化されていたものから、痴呆症高齢者のケアという共通の目的で公私の宅老所やグループホームがネットすることにあります。二つめは、宅老所やグループホームは全国一律という考え方よりも、より地域特性を活かした運営が求められることから、都道府県などの地方自治体を意識した全国ネットということです。具体的には、①痴呆症高齢者のケアに関する情報の収集と提供、②相談、③研修、④研究、⑤社会的な提言など、宅老所・グループホームを推進することを目的とし結成するものです。

「宅老所・グループホーム全国ネットワーク」　規約

第1条（目的）
　痴呆症高齢者を中心とした小規模ケアの実践に携わる宅老所・グループホームが、全国規模でゆるやかにネットワークすることで、支援を必要とする地域や住民の生活福祉の向上と小規模ケアの推進を図ることを目的とする。

第2条（名称）
　本ネットワークは「宅老所・グループホーム全国ネットワーク」と称する。

第3条（活動）
　目的達成のための次の活動を行う。
　① 小規模ケアに関する情報の収集と提供
　② 小規模ケアに関する相談
　③ 小規模ケアに関する研修
　④ 小規模ケアに関する研究
　⑤ 小規模ケアに関する社会的な提言
　⑥ その他目的のために必要な活動

第4条（会員）
　本ネットワークは、小規模ケア及び都道府県単位の連絡組織、小規模ケアに関心のある個人・団体・財政的に支援する個人・団体をもって会員とする。
　A会員：都道府県単位の小規模ケアホーム連絡組織
　B会員：小規模ケアホーム
　C会員：小規模ケアに関心ある個人・団体
　D会員：活動に賛同し、本ネットワークを財政的に支援する個人・団体

第5条（会費）
　本ネットワーク会員は、以下のとおりの年会費を納めることとする。
　A会員：○○,○○○円（@3,000円×会員数）
　B会員：　　5,000円
　C会員：　　5,000円
　D会員：　10,000円（1口）

第6条（役員）
　役員会はA会員ならびにB会員から選出した世話人で構成する。世話人の選出は総会で行い、任期は2年とする。ただし、再任はさまたげない。
　また、必要に応じて顧問をおくことができる。

第7条（監事）
本ネットワークに監事をおく。監事の選出は総会で行い、任期は２年とする。ただし、再任はさまたげない。

第8条（総会）
本ネットワークは、年１回総会を開く。.総会は活動の報告・決算を決議し、次期活動方針・予算を決定する。
総会は、会員の過半数（委任状を含む）をもって成立するものとし、議決は出席者の過半数をもって決する。

第9条（運営）
総会で選出された役員（世話人）会を中心に、会員が相互に協力して活動にあたる。運営を行う事務局は、役員（世話人）の互選により決定する。

第10条（部会）
活動の充実をはかるために、以下の部会を設けることができる。
① 地域（ブロック）部会
② 課題別部会
③ その他目的のために必要な部会

第11条（会計）
本ネットワークの経費は、会費、寄附金、その他をあてる。
会計年度は、4月1日より翌年3月31日とする。

第12条 その他この規約に定めのない事項は、役員（世話人）会で決定する。

付則　本規則は、平成11年1月23日から施行する。

あとがき

病院で、四人部屋と個室と両方の療養生活を体験することになったのは、一年以上もこの原稿が遅れていて「さあ、やろう」と思った二日後でした。

グループホームについて自分で書きたいと思っていたのに、筆が進まなかったのは、実際に二つのグループホームの現場を持ったからです。他の施設を見学したり、本を読んだり、デイサービスで学んだりした知識の中だけでは深層に迫れないことを感じました。それまで、デイサービス「陽だまりの家」で体験した痴呆の方々との時間は、自分の知らない世界をいろいろと教えてくれました。しかし、グループホームは、痴呆のお年寄りとスタッフそして私達との共同体としての関係が成立し、そして、そこで流れる時間の中で体験することが、デイサービスとは大きな違いがありました。私は、グループホームの中での神話的時間を楽しみ、浸っていたのです。そんな中で目が覚めたように原稿を書こうと思い立ったのは、介護保険が導入になってグループホームのあるべき姿が崩れそうになったからです。制度は制度として考え、痴呆になったら誰と、どう生きて、死んでいく場を求めているのか、どんなグループホームを私達は望んでいるのか、をまず考えなければいけないと思いました。痴呆の人にとってグループホームが一番いいとは言えません。その人にとって、それまでの生活背景やどんな痴呆症状になったかを考慮し、最適なところを選ぶべきです。

昨年（九九年）の十月から四〇日間入院し、四人部屋では再発したガンの患者さん三人と同室でした。同室の方々は、ガンでない私を喜んで受け入れ、毎日を飽きさせないように楽しい会話の時間を作り出して下さいました。一人でいるより生きてる気がするから四人部屋を選んだと話していました。一番朗らかだった方が、私が退院して一ヵ月後亡くなられ、知らせてきたその方の夫と電話口で泣きじゃくりました。私は、四人部屋でできた縁で、ここまで素直に他人の死を受けとめ、辛く悲しい思いをすることに、驚きさえ覚えました。

このことを思い返した時、グループホームのあり方について一つの示唆を得たような気がしました。それは、人は弱った時に、お互いの思いやりを共有したり、誰かの存在を肌で感じることで自分の現状を受入れることが楽になるということです。一層、グループホームで心の縁側づくりに努力したく思います。

最後に、この本の執筆のきっかけを作って下さった大宮共立病院の板垣晃之先生と、力を貸して下さった浴風会病院の須貝佑一先生に心からお礼を申し上げます。また、原稿を根気づよく待っていて下さった近代出版の桑原芳子さんにはお詫びとお礼を言いたいと思います。そして、病気の時、励まし協力してくれた私の家族に対し、感謝の気持ちで一杯です。

最後に、この本を手に取り、グループホーム「たのし家」「うれし家」の痴呆の方々と一緒に神話的時間を共有して下さる方にも、感謝を申し上げたいと思います。

著者略歴

西村美智代（にしむらみちよ）

1945年　鹿児島県出水市に生まれる
1967年　明治薬科大学卒業後、都立駒込病院、
　　　　都立府中病院に薬剤師として勤務
1977年〜1995年　医薬器メーカーにて管理薬剤師、企画部長
　　　　その間、介護用品「タベラック」を開発
1978年　自宅を開放し、「風の子文庫」「風の子ぶんこう」を開く
1991年　「生活介護ネットワーク」を設立、同代表
1995年　デイサービス「陽だまりの家」を開所
1998年　グループホーム「たのし家」を開所
1999年　グループホーム「うれし家」を開所

著書：「家庭介護のくすり」（日本医薬企画）
　　　「転ばぬ先の介護探検」（ユック舎）

発　　行　2000年4月1日　第1刷発行
　　　　　2000年11月1日　第2刷発行
　　　　　2002年6月1日　第3刷発行
　　　　　2004年3月1日　第4刷発行
著　　者　西村美智代
発 行 者　菅 原 律 子
発 行 所　株式会社　近　代　出　版
　　　　　〒150-0002　東京都渋谷区渋谷 2-10-9
　　　　　TEL 03-3499-5191　FAX 03-3499-5204
　　　　　http://www.aya.or.jp/~kindai-s
　　　　　e-mail kindai-s@mx7.mesh.ne.jp
印刷・製本　河和田屋印刷株式会社

ISBN4-87402-054-2